VIE DE SAINT GERMAIN

DE TALLOIRES

VIE

DE

SAINT GERMAIN

DE TALLOIRES

PAR

M. LE CHANOINE V. BRASIER

ANNECY
IMPRIMERIE J. NIÉRAT
7, RUE ROYALE, 7

1889

A Sa Grandeur

Monseigneur Isoard

Évêque d'Annecy

MONSEIGNEUR,

Une Vie populaire de saint Germain de Talloires est en ce moment plus qu'une opportunité : elle est attendue, désirée, instamment réclamée. Les éléments en étaient épars dans un travail historique déjà publié et transmis à Rome pour servir à la Cause du Saint. Ces éléments, je les ai condensés, résumés de mon mieux et ils sont devenus un récit suivi, une Vie de saint Germain dans la mesure du possible.

a

Grâces vous soient rendues, Monseigneur, pour la sainte et nouvelle
œuvre dont vous venez d'honorer votre
épiscopat. En sollicitant et en obtenant
du Saint Siège la reconnaissance et
l'extension du culte de saint Germain,
vous avez comblé tous les vœux et avez
acquis à votre nom, dans la Vie de
ce Saint, la première place après celui
de saint François de Sales. Qui ne
sait que notre grand et bien aimé Docteur mit tout son zèle et tout son cœur
à exalter, à glorifier saint Germain,
à amplifier et encourager son culte ?
Cette œuvre si chère à saint François
et toujours restée inachevée ne pouvait
pas échapper à votre ardente sollicitude. Avec la même foi, la même piété,
vous l'avez continuée, poursuivie et
heureusement couronnée. Désormais il
nous sera donné d'entendre la louange,
l'invocation, la prière à saint Germain

retentir dans toutes nos églises. Gloire et reconnaissance à vous, Monseigneur! Et puisque, quelque imparfaite qu'elle soit, voici la Vie d'un Saint qu'on peut dire vôtre, souffrez, Monseigneur, que je la dépose aux pieds de Votre Grandeur, en la mettant sous votre paternelle protection. Daignez en agréer l'hommage et la bénir, afin que Dieu lui accorde de porter dans les âmes quelques fruits de grâce et d'édification.

C'est l'unique vœu de celui qui a l'honneur d'être, dans les sentiments du plus profond respect,

Monseigneur,

de Votre Grandeur,
le très humble et très obéissant
serviteur,

Vincent Brasier, *Chanoine.*

ÉVÊCHÉ
D'ANNECY
(HAUTE-SAVOIE)

†

Annecy, le *31 juillet 1889*.

MONSIEUR LE CHANOINE,

Vous voulez bien me dédier une nouvelle Vie de notre saint Germain de Talloires ; je suis heureux de voir mon nom associé à une œuvre aussi utile.

Votre premier écrit s'adressait surtout aux hommes d'études et de savoir ; vous écrivez maintenant pour tous les fidèles. Vous couronnez ainsi les travaux que vous avez entrepris, il y a plusieurs années déjà, pour faire connaitre ce grand modèle de la vie de prière et de pénitence. D'autres ont

x

pu joindre leurs efforts aux vôtres pour mener à bien l'œuvre de la reconnaissance du Culte rendu à saint Germain : mais ce qui a été fait avec vous ne l'aurait pas été sans vous.

Que Dieu récompense un tel service rendu à ce diocèse et à l'Eglise universelle !

Recevez, Monsieur le Chanoine, l'assurance de mes sentiments respectueux et tout dévoués.

† LOUIS, *Evêque d'Annecy.*

PRÉFACE

L E lecteur, même chrétien, s'il n'est pas familiarisé avec la *Vie des Saints*, comprendra moins le genre de vie adopté par saint Germain dans la seconde moitié de son existence. Saint Germain appartient aux Solitaires, il est de leur famille, il en a les mérites. C'est pourquoi quelques considérations sur les Solitaires en général seront ici une introduction toute naturelle à sa Vie, et par là, ce nous semble, il sera lui-même mieux connu, mieux jugé et plus apprécié.

On se tromperait absolument si on ne pensait trouver qu'en Orient des Solitaires ou Anachorètes. Ce fut là qu'ils apparurent. Les vaillants, qui auparavant eussent été des martyrs, une fois la paix acquise à l'Eglise, se firent anachorètes. Le désert leur tenait lieu d'amphithéâtre et de bûcher. Et puis, ne fallait-il pas des prodiges de chasteté et de tempérance pour ébranler le vieux monde qui se mourait de débauches et de corruption? Sur ce nouveau champ de bataille, l'Eglise d'Occident suivit de très près sa sœur d'Orient. Saint Antoine vivait encore dans son désert peuplé d'innombrables disciples, lorsque saint Athanase exilé vint raconter leur vie aux fidèles des Gaules et d'Italie. Dès ce moment, les Latins eurent aussi leurs thébaïdes. Saint Martin est à peine baptisé qu'il choisit pour retraite un ermitage de l'île de Galinara. Sulpice Sévère, saint Paulin de Nôle, saint Honorat de Lérins, etc., en un mot, les plus beaux noms inaugurent, dès le IVme siècle, la vie solitaire en Occident. Dans le siècle suivant, c'est saint Jérôme lui-

mème qui appelle au désert. A l'entendre,
tout Rome devrait émigrer vers la solitude, tant il en exalte les grâces et les
délices (1). Il est écouté, mais c'est en
Occident, dans la Gaule surtout, qu'on se
hâte de suivre ses conseils. Le vme siècle
y voit en effet fleurir bon nombre de Solitaires. C'est, entre autres, saint Eucher qui
dit adieu à son monastère de Lérins pour
aller vivre seul dans l'île voisine de Léro
(aujourd'hui Sainte-Marguerite). Là il goûte
tant de paix qu'il y écrit à son tour les
louanges de la vie érémitique (2). Dans le
même temps, le fondateur du monastère
de Condat, l'illustre saint Romain vivait
dans une solitude du Jura, réfugié sous un
gigantesque sapin qui était son seul abri
contre les intempéries et la rigueur des
saisons. Vient ensuite le vime siècle. Nulle
autre époque n'a vu autant de Solitaires.

(1) *Epist. ad Heliodorum, de laude vitæ solitariæ.*
(2) *De vitâ solitariâ.*

Les hagiographes en comptent jusqu'à' cent dont un grand nombre ont habité les forêts du centre de la Gaule. Mais le maître, celui qui les domine tous dans ce siècle d'héroïsme, c'est saint Benoît qui, avant d'être le plus grand fondateur d'Ordre, ne fut d'abord qu'un pauvre ermite inconnu dans la grotte de Subiaco.

Plus tard, au IXme et Xme siècle, sur la Gaule et l'Italie, comme de fougueux ouragans, vinrent se précipiter les derniers barbares. Leurs incursions furent très funestes aux monastères; la vie des Solitaires en fut nécessairement troublée, jamais cependant totalement interrompue. Aussi, dès la fin du Xme siècle, on vit de nouveau se multiplier les retraites au désert. Cette succession de Solitaires, inégale toutefois, s'est continuée jusqu'au XIVme siècle. Au XVme, ils se font tout à fait rares. C'est qu'entre temps l'Eglise s'est enrichie de nombreux Ordres Religieux qui tous, dans une mesure diverse, s'adonnaient à la vie de pénitence et de contemplation. Dès lors, plus aisément et sans aller au désert, les âmes avides de silence et de solitude purent suivre leur attrait en entrant dans ces Ordres : et c'est ainsi que peu à peu la cellule du cloître a remplacé la grotte ou la cellule de l'ermitage.

Il faudrait des volumes pour décrire et apprécier la vie de ces anciens Solitaires aujourd'hui si oubliés. Esquissons-en du moins les principaux traits.

Dans la direction que prend une vie humaine, il faut considérer la pensée qui l'inspire, le but qu'elle veut atteindre. Jamais le caprice, la rêverie, l'amour de l'oisiveté n'ont pu faire un Solitaire. Il était encore moins un fils rebelle ou un esclave des passions ne cherchant que la liberté et l'indépendance. Qu'était donc le Solitaire ? En définitive, c'était une âme énergique et convaincue qui, entendant Notre-Seigneur

déclarer qu'une seule chose est nécessaire,
le prenait au mot et s'exécutait vaillamment. Ce chrétien à tout prix voulait sauver
son âme et, comme le désert avec ses privations lui paraissait le lieu le plus sûr
pour assurer cette grande affaire, il partait
pour le désert. De ces Solitaires, les uns
venaient déjà d'un monastère. Ceux-là
étaient les plus nombreux et les mieux par-
tagés. Non seulement ils emportaient leur
règle dans leur solitude, mais les Supérieurs
les y suivaient d'un œil vigilant et toujours
paternel. Ils y étaient visités, assistés et de
temps en temps il leur était permis ou ils
recevaient l'ordre de rentrer momentanément dans la vie commune. Quant à ceux
qui venaient du monde, les lois, les usages,
les pratiques des Solitaires devenaient
nécessairement les leurs, sous le contrôle
toujours de leur Confesseur. On trouve
plusieurs Solitaires dirigés par de grands
et saints Évêques. D'où il suit que la vie

de tous était la même au fond et dans ses grandes lignes. Mais les détails, le mode d'application de la règle variaient à l'infini, les situations étant très diverses.

Le premier souci d'un Solitaire était de choisir pour sa retraite un lieu favorable. La proximité d'une église, d'une chapelle rurale, d'une masure sous bois l'attirait de préférence. Là son Oratoire était tout trouvé. Sinon, il en dressait un à côté de sa demeure. Quelques images et des Reliques faisaient tout l'ornement de ce pauvre sanctuaire. C'était là qu'il méditait, qu'il lisait et faisait ses longues prières du jour et de la nuit. Un petit autel y était ménagé : car parfois, les jours de fêtes, un prêtre venait lui dire la sainte Messe. S'il était prêtre, il y célébrait lui-même en présence des bergers et des rares habitants du voisinage qui venaient avec grand plaisir prier avec lui devant sa porte.

Si l'Oratoire du Solitaire était si pauvre, que ne devait pas être sa demeure ? Souvent il n'avait pour abri qu'une grotte, une caverne où tout était de pierre ; l'oreiller, le lit, la chaise, la table. Une saillie du rocher, une pierre mobile, une peau d'animal en fermait l'entrée. S'il vivait dans une forêt, une cabane en planches ou en chaume, une hutte faite de branches entrelacées était tout son palais. On en trouve qui ont vécu longtemps dans le creux d'un vieil arbre. Quel que fût son abri, c'était là qu'il travaillait et qu'il prenait ses repas et son repos. Il y couchait en toutes saisons, sur la paille, sur la terre nue, sur la pierre froide, dans une fosse à fleur de terre, sur un banc, sur une grille, sur une échelle qu'il redressait le jour contre le mur (1).

(1) Tous ces détails tirés des *Bollandistes* sont rigoureusement historiques et recueillis dans la vie des divers Solitaires.

Pour ne pas trop nous étendre, nous passons sous si-

Le vêtement, est-il besoin de le dire, était à l'avenant. Des sandales ou des sabots étaient leur chaussure. On en a vu aller et venir les pieds absolument nus. Leur habit n'est pas bien connu. Nul doute qu'il ne fût d'une étoffe pauvre et grossière. Pour se défendre du froid, ils se couvraient de peaux, comme les bergers. Ce manteau faillit un jour coûter la vie à saint Fructueux : « Un chasseur, le voyant sous une « peau de chèvre et prosterné au sommet « d'un rocher, l'ajustait déjà avec son arc, « lorsqu'il comprit, en lui voyant lever les « mains au ciel, que c'était un homme qui « priait (1). »

Une des lois essentielles de la vie du Solitaire était le travail manuel. On n'aurait pas plus compris un Solitaire sans tra-

lence les austérités, les privations, les mortifications de tout genre que les Solitaires généralement imposaient à leur corps.

(1) Montalembert... *Moines d'Occident*, tome Ier. — *Bolland.* 16 avril.

vail que sans prière. La prière devait tenir son âme unie à Dieu, et le travail tenir son corps humilié, dompté, soumis à son âme. Aussi, tant qu'il était jeune et que ses forces ne trahissaient pas son courage, pour obéir à la loi commune, c'était à ses propres bras, à la sueur de son front que le Solitaire demandait sa subsistance. Autour de sa cellule, il défrichait, creusait, fouillait la terre pour se faire un jardin, un verger, un petit champ. Il avait apporté, avec quelques instruments de labour, une provision de semences, il les confiait à la terre et à la grâce de Dieu. Sa moisson faite, veut-on savoir comment saint Henri, noble Danois, faisait son pain ? Après avoir broyé lui-même son avoine ou son orge, il saturait d'eau cette farine grossière, en faisait de petits pains ronds qu'il laissait sécher au soleil. Pendant quatre ans, ce Solitaire a vécu d'un tel pain. Généralement les autres accompagnaient le leur de noix et autres fruits sauvages, de racines, de fenouil, de lentilles, de pois et autres produits de leur petit domaine. Un rayon de miel sauvage et un peu de lait, voilà le seul luxe que l'on surprenne parfois sur leur table. Saint Ivan vivait du lait d'une biche qui lui fut un jour tuée par des chasseurs. Les Solitaires habitant des îles s'accordaient aussi exceptionnellement quelques petits poissons.

Comme les anciens patriarches, les Solitaires aimaient les sources, les cours d'eau. Si le ruisseau manquait, ils choisissaient, pour s'y établir, le voisinage d'une fontaine. Cette source, désormais leur trésor, ils l'agrandissaient, ils en dégageaient les abords et en recueillaient précieusement les eaux dans un bassin. Il reste plusieurs de ces fontaines de Solitaires, et qui portent encore leur nom. La tradition veut que quelques-unes aient jailli spontanément à la prière du Solitaire et que leurs eaux aient

opéré des guérisons merveilleuses. Aussi on
continue à y puiser avec une sorte de confiance et de respect.

Bien que beaucoup de Solitaires aient
vécu au sein des forêts, on ne voit pas dans
leur légende qu'ils aient jamais songé à
recourir à la chasse pour se procurer leur
nourriture, fussent-ils même réduits à la
faim. Cette observation s'applique pareille-
ment à la pêche, à de rares exceptions près
que nous avons signalées. C'est que ces
grands pénitents ne s'abstenaient pas seulement de toute viande, mais encore de
tout divertissement. Or, ces deux exercices,
la chasse et la pêche, sont plus qu'une ré-
création, ils sont un vrai plaisir et dégé-
nèrent facilement en passion.

Il s'en fallait que les Solitaires en vou-
lussent à la vie des innocentes bêtes qui
peuplent les bois, eux qui étaient venus
chercher la paix au milieu d'elles et vivre
avec elles comme en communauté. Bien

plutôt, ils ont pris leur défense et ont été leurs sauveurs en plus d'une rencontre. Les beaux épisodes de chasse que nous pourrions ici raconter ! Que de fois, poursuivis par la meute de quelque seigneur, ces animaux tout éperdus se sont réfugiés dans l'oratoire ou la cellule du Solitaire, à ses pieds même et jusque sous les plis de sa robe ! Le Solitaire ému s'empressait d'intervenir. Il apparaissait sur le seuil de sa hutte, au grand étonnement du chasseur et la bête était sauvée.

D'autres fois, c'était de la dent d'un animal féroce, qu'il sauvait une autre bête innocente et timide. C'est ainsi que l'ermite Launomar, parcourant la forêt du Perche en récitant ses psaumes, rencontra une biche qui fuyait devant une troupe de loups. A ce spectacle, Launomar pensa à l'âme chrétienne poursuivie par les démons. Il en pleura de pitié et se mit à crier aux loups : Bourreaux enragés, rentrez dans vos tanières et laissez cette pauvre petite bête. Le Seigneur ne veut pas que vous la dévoriez. Les loups interdits s'arrêtèrent et rebroussèrent chemin, tandis que la biche reconnaissante s'approcha du Saint qui passa deux heures à la caresser de sa main avant de la congédier (1). On n'est plus surpris, dès lors, de cette autre aventure racontée dans la *Vie de saint Colomban*. Un jour, au milieu d'un bois, il voit venir à lui douze de ces mêmes animaux qui font cercle autour de lui. Il reste immobile en disant : O Dieu ! venez à mon secours. Les loups flairent ses vêtements et le voyant sans peur, passent leur chemin. De fait, il n'est pas d'exemple de Solitaire assailli, blessé, seulement menacé par aucun animal. C'est qu'il y avait entre eux plus que trève et traité de paix. On en était à l'alliance, à l'amitié, à l'entente cordiale. Il n'est pas rare de voir non seulement les

(1) *Bolland.* 19 janv.

animaux les plus timides comme le lièvre, le cerf, la biche, mais les plus féroces, le loup, le sanglier, l'ours, le lion, le serpent, s'attacher au Solitaire comme à un ami et vivre dans son voisinage, à l'instar d'un animal domestique. Chacun de ces animaux a sa page d'histoire dans la vie des Solitaires. Inutile d'ajouter que ces autres habitants des bois, les oiseaux petits et grands, ne leur étaient pas moins soumis et dévoués. Saint Cuthbert, évêque devenu Solitaire dans l'île de Farne et voulant vivre de son pain, sema d'abord du froment qui ne mûrit pas : « Apportez-moi, dit-il aux moines ses confrères, de l'orge qui pourra porter son fruit. » En effet, son petit champ donnait les plus belles espérances, mais les oiseaux trop pressés moissonnaient largement à ses dépens. « Pourquoi, leur dit-il, touchez-vous à ce « que vous n'avez pas semé ? En avez-vous « plus grand besoin que moi ? Si cela est

« et que Dieu vous en ait donné licence,
« faites. Si non, retirez-vous et n'endom-
« magez plus le bien d'autrui. » Il dit et
les indiscrets aussitôt s'envolèrent et ne
revinrent plus jamais visiter sa récolte.
On a vu avec raison, dans cette docilité,
ce respect des animaux pour le Solitaire,
un ressouvenir de l'Éden, un retour mo-
mentané à l'âge d'innocence, alors que
l'homme entouré de tous les animaux s'en
voyait suivi, servi, obéi comme leur maître et leur roi.

Heureux les Solitaires, s'ils n'avaient
jamais été, dans leur solitude, exposés à
à la perversité, à la malice humaine : les
hommes leur furent parfois bien cruels.
Tous les pays honorent des Solitaires égor-
gés dans leur retraite par des pirates, des
payens, des coureurs arabes, par les divers barbares qui, à diverses reprises, ont
sillonné l'Europe. Toutefois, ils craignaient
plus encore les voleurs et les brigands.

Quelquefois ces hommes dénaturés se contentaient, il est vrai, de vexer le Solitaire en lui dérobant ses outils, en saccageant sa moisson, ses fruits, mais trop souvent aussi ils prenaient un plaisir infernal à répandre son sang. Le croirait-on ? Malgré l'invraisemblance, le mobile de l'assassinat fut parfois l'espérance d'emporter un trésor. Le Solitaire en effet amassait un trésor, celui recommandé par Notre-Seigneur, qui est à l'abri de tous les voleurs. L'histoire de saint Meinrad assassiné dans ce but est restée célèbre. Deux voleurs s'étaient persuadés qu'il n'était pas possible qu'un homme si vénéré au loin et si obstiné à garder sa cellule n'y possédât pas un immense trésor. Sur ce, résolus à le tuer, ils frappent à sa porte. Avant d'ouvrir, le Saint demeure quelques instants dans son Oratoire, porte fermée, à genoux, prenant dans ses mains, baisant chacune de ses Reliques, et recommandant son âme à

Dieu. Se présentant alors à ces brigands : « Je sais à quelle fin vous venez, leur dit-il. Je ne vous demande qu'une grâce. Quand vous m'aurez donné la mort, mettez ces deux chandelles ardentes l'une à ma **tête** et l'autre à mes pieds, et fuyez bien vite, de peur que vous ne soyez surpris par ceux qui d'habitude viennent me visiter. » Ainsi fut fait ; mais deux corbeaux familiers du Saint qui partageait avec eux sa nourriture, se mirent à l'instant à poursuivre les assassins, de jour, de nuit, de village en village, jusqu'à ce qu'enfin ils furent reconnus et livrés à la justice (1).

Grandes étaient la douleur et l'indignation que provoquaient de si odieux attentats : ils faisaient si grand contraste avec les témoignages de respect et de vénération que le Solitaire recevait de toutes parts ! Car ce n'étaient pas seulement le

(1) On sait que la cellule de saint Meinrad a fait place à la belle église de Notre-Dame des Ermites.

pauvre peuple, les habitants du voisinage qui venaient à lui pour demander ses conseils et s'édifier de ses vertus, les grands, les seigneurs, les Rois eux-mêmes recherchaient le chemin de sa solitude. Après Clovis qui leur en donna l'exemple, les Rois Francs, ses successeurs, ont souvent eu recours personnellement aux Solitaires de leurs États. Charlemagne lui-même se recommandait à leurs prières ainsi qu'Alfred-le-Grand d'Angleterre. L'empereur Othon III, en 996, se trouvant à Ravenne, désirait entretenir saint Romuald, qui vivait alors en anachorète à quatre lieues de la ville. Jamais il ne voulut permettre qu'on mandât le Saint auprès de lui. Il se rendit lui-même dans sa solitude. L'austère vieillard n'ayant rien de mieux à offrir à l'Empereur pour lui servir de siège, lui offrit son grabat. Othon le trouva dur ; il goûta mieux la sagesse et les entretiens du saint Ermite.

Ne nous étonnons pas de ces visites royales et princières faites aux Solitaires. A tous leurs mérites s'ajoutait parfois le prestige et la considération de leur haute naissance. Citons l'Ermite de Nogent, saint Cloud, fils du roi Clodomir ; saint Sigismond, fils du roi de Hongrie ; saint Ivan, fils du roi de Dalmatie ; le Bh Alaric, frère de la reine Berthe de Bourgogne ; le Bh Simon de Crespy et tant d'autres, hommes du monde, appartenant aux plus nobles maisons et qui avaient tout quitté pour se sanctifier dans la solitude.

On se demande ce que devenaient ces Solitaires et s'ils poussaient jusqu'à la mort une telle existence. Tel était bien leur désir et leur espoir ; mais communément, en les conduisant au désert, la divine Providence avait sur eux d'autres vues. Avant de s'épanouir en riches moissons, la bonne semence enfouie dans la terre y demeure de longs jours. Il en est ainsi des grandes vocations. Les hommes destinés aux grandes charges, aux premiers rôles, se forment et se mûrissent dans les longs silences, dans les méditations prolongées. Généralement les Solitaires étaient de ces hommes. Un beau jour, l'obéissance, les vœux du peuple, le besoin des âmes, cette grande voix de Dieu, les arrachaient à leur solitude et en faisaient des Missionnaires, des Apôtres, les Evêques d'un diocèse, les Abbés d'un monastère. Saint Pierre-Célestin habitait sa grotte du Mont-Morone, lorsqu'il y vit arriver trois Evêques lui annonçant son élévation sur le trône Pontifical. On comprend l'autorité, l'ascendant, la puissance qui s'attachait à ces hommes dans leur nouveau ministère. Toutefois, la vie solitaire gardait toujours pour eux tous ses attraits. Plusieurs devenus Evêques ou Abbés se choisissaient à proximité un ermitage où ils se retiraient de temps en temps pour y revoir, y retremper leur âme.

tré étendu sous un arbre de la forêt, et Henri le Danois couché sur une pierre, un flambeau allumé près de lui : il venait d'expirer. Néanmoins ces cas étaient de très rares exceptions. On admire bien plutôt par quels moyens providentiels ces serviteurs de Dieu se voyaient visités et assistés par quelque prêtre ou Religieux, à l'approche de leur dernière heure. Du reste, le Solitaire âgé ou souffrant n'était pas laissé seul dans son ermitage, surtout s'il était Religieux. Il rentrait au monastère, ou bien un compagnon lui était envoyé, ou bien quelque autre Solitaire s'adjoignait à lui, dans le pieux dessein de veiller sur ses derniers jours. Saint Rodrik, en quête d'une solitude pour lui-même, arriva devant une caverne habitée par un vieux Solitaire qui penchait vers sa fin. Rodrik s'attacha à lui et le servit encore pendant trois ans. On cite plusieurs solitudes occupées successivement par divers Solitaires, qui s'assistèrent les uns après les autres, jusqu'à leur dernier moment. Le Solitaire étant mort, les églises voisines auraient été heureuses de posséder son tombeau. Généralement il était enseveli dans son Oratoire. Ce qu'il en advenait, la *Vie de saint Germain* va nous l'apprendre.

AVIS AU LECTEUR.

Si la *Vie de saint Germain* n'est pas plus riche en détails, qu'on s'en prenne au laconisme et au petit nombre de documents et d'auteurs qui nous ont fourni la matière. En dehors de leurs données, évidemment nous ne pouvions et ne devions rien ajouter. Ces documents, dont les deux principaux sont la *Légende latine du Saint* et les *Mémoires* sur la vie du Saint *compilés par le R. P. Clette. Religieux Bénédictin de Talloires,* ainsi que tous les auteurs qui ont été nos sources, se trouvent minutieusement décrits, cités, exposés dans notre travail intitulé : *Etude sur Saint Germain, Moine Bénédictin, d'abord Prieur de Talloires, ensuite Solitaire, par le Chanoine*

V Brasier, ex-curé de Talloires. Annecy, ancienne librairie Burdet, 1879... *Etude* reproduite dans le tome Ier des *Mémoires et Documents de l'Académie Salésienne*, Annecy, 1880.

C'est pourquoi, ne voulant pas surcharger cette *Vie* populaire de saint Germain, nous n'avons pas prodigué les notes au bas des pages. Le lecteur qui désirera de plus amples informations sur nos sources les trouvera dans notre ouvrage précité.

PROTESTATION DE L'AUTEUR.

Nous protestons avec empressement que nous n'entendons traiter ici de la Vie, des Vertus, du Culte et des Miracles attribués à saint Germain, que dans un esprit d'absolue obéissance et conformité aux décrets d'Urbain VIII sur la matière.

VIE DE SAINT GERMAIN

CHAPITRE PREMIER

Premières années de saint Germain. — Sa piété.
Sa charité précoce.

SAINT GERMAIN naquit en Belgique, vers la fin du Xᵉ siècle, de parents nobles, et dans une localité que l'on croit être Tillemont. Ne nous étonnons pas de ne pas trouver la désignation certaine de sa famille, ni celle du lieu qui fut sa patrie. Saint Germain partage en cela le sort de tant de saints moines de ces temps reculés, dont la vie historique ne commence guère qu'à leur entrée dans le monastère. Les annales de leur Ordre, en recueillant leur souvenir, n'ont pas attaché d'importance aux détails, aux faits pure-

ment profanes de leur vie antérieure dans
le siècle : le moine seul a été esquissé, montré à la postérité. De là ces lacunes si
nombreuses, quand nous voulons recons-
tituer leur vie dès son commencement.

Bien que très imparfaitement connues,
les premières années de Germain présentent cependant des traits qui en font un
modèle et qui auraient pu en faire un saint
Patron de la jeunesse, si, comme saint
Louis de Gonzague, il eût été cueilli à la
fleur de ses ans. Mais Dieu l'avait réservé
à donner, pendant une très longue vie et
par conséquent à tous les âges, l'exemple
des plus belles vertus.

L'enfant naturellement égoïste rapporte
tout à lui-même, et il faudra le concours
suivi de la grâce, de l'éducation et de la
raison, pour lui apprendre à vaincre son
profond amour de soi, et à aimer Dieu plus
que lui-même. Telle est cependant, pour
tout homme venant en ce monde, la loi
naturelle et primordiale qui l'oblige dès
l'âge de discrétion, loi fondamentale qui

comprend et résume toutes les autres, nous dit le divin Maître. Aussi l'éducation vraie, rationnelle, divinement obligatoire, est l'éducation religieuse, dont le premier et suprême souci est de pénétrer de la pensée, de l'amour, de la crainte de Dieu, l'esprit et le cœur de l'enfant. La paix, l'innocence, l'honneur de sa vie, son salut éternel, tout va dépendre de là. Admirons et bénissons Dieu d'avoir confié cette grande mission tout d'abord au cœur de la mère. Alors qu'à sa voix, à son regard, sous son baiser, à son sourire, s'éveillent et se développent l'intelligence et la sensibilité de l'enfant, à quelle profondeur cette mère aimée ne peut-elle pas faire pénétrer, dans cette âme qui s'ouvre, le sentiment de la crainte et de l'amour divin ? De là vient cette locution répétée dans la plupart des vies de Saints, à savoir qu'ils avaient puisé l'amour de Dieu avec le lait de leur mère. On ne peut pas mieux peindre l'action douce et puissante d'une sainte mère sur la première éducation religieuse de son enfant, ni la solidité des impressions ainsi reçues. Tout porte à croire que la mère de saint Germain fut une de ces mères bénies qui savent préparer un Saint et qu'elle fut elle-même, pour son fils, une des nombreuses grâces de choix qu'il reçut de Dieu. Comment, en effet, devant l'enfance de Germain, ne pas répéter les paroles de la sainte liturgie : « Seigneur, vous l'avez prévenu de vos plus douces bénédictions? » Communément, dans la vie des Saints, on ne trouve pas, à un âge aussi tendre, des attraits si puissants vers la piété, des pratiques si hâtives de mortification, de charité : une si grande précocité dans les vertus suppose évidemment une âme privilégiée et très spécialement aimée de Dieu.

Dès ses premiers ans, aussitôt qu'il put se rendre seul à l'église (1), Germain, sans rien dire à ses parents, en prenait le chemin. C'était une réminiscence ; car, sans aucun doute, tout petit enfant, il y avait été

(1) Légende.

souvent porté et ensuite conduit par sa pieuse mère et par les siens. Là, tandis que les saintes images parlaient à ses yeux, Dieu lui-même avait parlé à son cœur. L'enfant s'en souvenait, et maintenant rappelé par le même attrait, il y revenait spontanément, de lui-même, sans y être conduit. Grand exemple de l'importance des premières impressions, et nouvelle preuve qu'il n'est jamais trop tôt pour parler du bon Dieu à un enfant et pour le familiariser avec nos saints mystères.

Lorsqu'il eut atteint les sept ans, ce n'était plus des simples visites, mais des véritables et longs séjours que Germain faisait dans le saint lieu. Il y passait des journées entières (1), « sans autre nourriture et aliment que celuy qu'il prenoit par la continuation de ses prières, parlant avec Dieu en esprit de son innocence. » Cet admirable enfant qui se montrait plus qu'indifférent à tous les jeux, aux plaisirs, aux passe-temps de son âge, qui oubliait tout abso-

(1) Légende et Mémoires.

lument jusqu'à son pain de chaque jour,
pour demeurer avec Dieu dans l'église,
connaissait donc déjà par sa propre expérience la vérité de ces paroles de Notre-
Seigneur : « L'homme ne vit pas seulement
de pain (1). » Cet aliment immatériel réservé aux plus grands Saints n'est autre
que Dieu lui-même, Dieu aimé, Dieu senti,
Dieu goûté, manne vraiment céleste et
cachée, vrai pain de l'âme qui la comble
et lui tient lieu de tout (2). Aussi ce pieux
enfant, au sortir de ces colloques, de ces
retraites avec Dieu, rentrait tout heureux
dans la maison de ses parents, « et quand
« on luy demandoit où il avoit esté, il ré-
« pondoit (3) qu'il avoit été avec son Père
« Grand (4) qui l'avoit traité si délicieuse-
« ment qu'il se résolvoit de demeurer toute
« sa vie à son service... »

(1) Saint Mathieu, iv, 4.
(2) *Gustate et videte, quoniam suavis est Dominus.*
Ps. xxxix, 9.
(3) *Mémoires.*
(4) C'était le nom que Germain donnait au bon Dieu.

Ces longues heures de recueillement,
d'oubli de soi-même au pied des autels, ce
sentiment si prolongé de la présence et
de l'amour de Dieu, nous étonnent dans un
adolescent. Reconnaissons-y plutôt le fruit
précieux d'une éducation éminemment chrétienne. De très bonne heure, non seulement l'esprit de Germain avait été nourri
de la pensée de Dieu, mais dès qu'il en fut
capable, on lui avait appris à voir et à adorer, au saint autel, Notre-Seigneur réellement et continuellement présent dans la
divine hostie. Ce prodige d'amour, qui
confond les Bienheureux eux-mêmes, ravit
bientôt le cœur de ce pieux enfant, et,
comme il savait et voyait par la foi les
Anges de Dieu nuit et jour prosternés devant ce doux mystère, à leur exemple et en
leur compagnie, lui aussi passait dans cette
présence des heures et des journées entières. Dans cette heureuse solitude, Germain ne semblait-il pas s'initier et se préparer déjà à cet autre genre de vie plus
recueillie et plus solitaire encore dans la-

quelle nous le verrons finir ses jours ?

L'amour de Dieu commande l'amour du prochain, et de plus, il le produit lui-même, comme l'arbre produit son fruit, comme la cause produit son effet. Ces deux amours sont inséparables. Dès lors, faut-il s'étonner si, dans le cœur de Germain qui était tout à Dieu, on trouve, comme chez tous les jeunes Saints, un penchant, une affection, une prédilection marquée pour les pauvres ? Après Dieu et ses parents, les malheureux furent assurément ses premiers et ses plus chers amis. Il le leur témoignait en toutes occasions. Non seulement tous ses petits avoirs d'enfant, c'est-à-dire tout ce qu'il recevait des siens, comme récompense ou témoignage d'affection, passait entre leurs mains, mais pour eux il se privait même du nécessaire, entre autres de sa nourriture et de ses vêtements. Écoutons les *Mémoires* : Si on lui donnoit quelque « chose à manger ou quelque chose qu'il « pût esconduire, il l'emportoit et le don- « noit au premier pauvre qu'il trouvoit. Et

« même il se dépouilloit jusqu'à sa che-
« mise pour couvrir leur nudité. Et comme
« un jour sa mère le tançant lui demanda
« ce qu'il avoit fait de ses habits : J'ai
« rencontré, dit-il, quelques serviteurs de
« mon Père-Grand qui en avaient besoin,
« et je les leur ai prêtés ; car mon Père-
« Grand qui est aux cieux m'en rendra de
« bien plus riches et de meilleurs. Sa
« mère reconnut qu'il y avoit en cet en-
« fant quelque chose de plus qu'il ne
« pouvoit humainement avoir appris, d'où
« elle commença à l'avoir en plus parti-
« culière considération que les autres frères
« et ne le tança plus depuis, ni de la perte
« de ses habits, ni d'autres choses qu'elle
« savoit qu'il prenoit pour donner aux pau-
« vres. » C'était bien, dans ce jeune enfant, la belle et vraie charité chrétienne
qui n'est pas seulement l'inspiration, le
mouvement d'un bon cœur. Germain voyait
et regardait Dieu lui-même dans la personne des pauvres, et il les soulageait pour
l'amour de Dieu. Mais voici un épisode de

l'adolescence de Germain qui nous la résumera tout entière. Sa digne mère, heureuse de ses belles dispositions, n'avait garde de négliger son instruction, et avec grand soin elle l'envoyait « chez un maître. » Toutefois, un jour (ses raisons d'agir ainsi nous sont restées complètement inconnues) sans consulter sa mère, Germain prit le grand parti de s'en aller seul jusqu'à la ville épiscopale (1). Là, se présentant à l'évêque, il le pria, au nom de Dieu, de vouloir bien l'agréer et le garder près de lui pour servir dans le lieu Saint. L'évêque, étonné, regardant cet enfant, lui demanda : « D'où il étoit ? Et qui étoit son père ? » Germain répondit qu'il n'avoit que son Père-Grand (2) qui lui avait commandé de venir à lui et qu'il le priait de le recevoir. A sa parole, à son accent, à son air de parfaite

(1) Probablement Liège et non Malines qui n'était pas encore siège épiscopal à cette époque.

(2) Cette réponse de Germain donne à croire que l'enfant n'avait plus de père. Du reste, dans les documents, jamais il n'est fait mention que de sa mère.

innocence, le Prélat « reconnut incontinent que cet enfant parloit de Dieu et que véritablement il l'appeloit son Père-Grand. » Aussi, lui promit-il de condescendre à sa demande, s'il le reconnaissait digne de servir à l'autel. En effet, le lendemain « l'évêque voulant célébrer les divins Mys-« tères employa le jeune garçon, lequel « assista si dévotement et exactement à « l'évêque, que tous les assistants dirent « que, sans faillir, il y avait en ce jeune « garçon quelque chose de plus que nature. »

Germain ne resta que quelques mois à l'école épiscopale. Ayant appris que sa mère inquiète s'enquérait de lui et le faisait chercher, Germain s'empressa de demander congé. L'évêque voulut le faire accompagner ; le pieux jeune homme le remercia et accepta seulement de sa charité quelque argent, disant que « cela estoit bon pour secourir les serviteurs de son Père-Grand. » En effet, à peine fut-il hors de ville, qu'il distribua aux pauvres tout ce qu'il avait reçu du Prélat. Arrivé à la maison, sa mère lui demanda d'où il venait et où il était resté si longtemps : « J'ai été, répondit Germain, gagner quelque chose par devers notre évêque pour les serviteurs de mon Père-Grand, lesquels les plus riches de mes parents méprisent... »

Cette page de la jeunesse de Germain nous étonne, il est vrai, sur plusieurs points, et nous manquons de données historiques pour les expliquer. Mais, nous y voyons du moins en grand relief, ses très précoces et très rares vertus : c'est-à-dire un détachement complet de tout en ce monde, un attrait dominant pour la prière, pour la maison de Dieu et les cérémonies saintes, enfin une sollicitude constante à l'égard des pauvres. Tout autant de vertus qui sont les promesses et le présage d'une grande sainteté future.

CHAPITRE II

Saint Germain à l'Université de Paris. — Sa vocation
à la vie monastique.

OUS ne pouvons dire combien d'années le jeune Germain passa dans sa famille, où il croissait, comme le divin Maître, en âge et en sagesse, devant Dieu et devant les hommes. Sa présence, comme un baume, comme un encens d'agréable odeur, y répandait la joie et l'édification : sa mère surtout en était toute heureuse et tous les siens l'avaient en admiration. Ces années-là s'écoulent vite, trop vite pour une famille. Bientôt arriva le jour de la séparation. Germain, modèle de piété, de recueillement, de mortification sous le toit paternel, assurément s'y adonnait à l'étude avec toute l'assiduité et l'ardeur désirables ; mais, l'honneur du nom, la fortune de Germain, la position de sa famille, ajoutons, ses excellentes qualités personnelles réclamaient évidemment une instruction plus forte, des connaissances plus étendues, une plus grande connaissance des hommes et des choses. Sa mère le comprit, et, en femme forte qu'elle était, dominant son cœur que la seule pensée du départ déchirait, elle-même lui proposa (1) : « S'il vouloit passer en France et aller étudier en la fameuse ville de Paris. » Jamais cette mère, tout en suivant ses propres vues, n'avait mieux servi celles de la divine Providence. Germain n'était pas arrivé à cet âge, sans avoir formé dans son esprit le projet de vocation que chacun pressent. Il avait vécu jusque-là dans une union trop intime avec Dieu, il en avait trop reçu dès sa plus sa tendre enfance, pour ne pas Lui avoir promis en retour de se donner tout à Lui. Sortir du monde et vivre pour Dieu et avec Dieu était tout son

(1) *Mémoires.*

désir. Entendant la proposition de sa mère, Germain y reconnut aussitôt un acheminement à l'exécution de son pieux dessein. C'est pourquoi il la reçut « avec tant de contentement que dans peu de jours il voulut partir (1). » Sa mère, assurément, n'avait ni inquiétude, ni crainte à son égard ; elle connaissait bien son fils : mais le cœur d'une mère a, dans ces heures-là, des prévoyances et des attentions ineffables. Comme Germain et Ruph ou Rodolphe, son frère plus jeune, s'aimaient réciproquement d'un amour tendre et autant que peuvent s'aimer deux frères, leur mère chargea Ruph d'accompagner Germain jusqu'à Paris. Ce qui fut accepté avec bonheur et bientôt les deux frères se mirent en route. Encore ici, cette bonne mère, à son insu, ne faisait que servir les desseins d'en haut. En adjoignant le frère cadet à son aîné pour ce voyage, elle voulait seulement contenter leur affection mutuelle et adoucir pour elle

(1) *Mémoires.*

et pour eux la douleur de la séparation.
Et voilà que Ruph, au lieu de faire compagnie à Germain seulement pendant quelques jours, allait s'attacher à lui pour ne
plus le quitter. En effet, dès que les deux
voyageurs eurent dit adieu à leur sainte
mère, Germain, chemin faisant, n'avait eu
qu'un discours. Parlant de l'abondance de
son cœur, et son cœur étant où était son
trésor, c'est-à-dire en Dieu (1), continuellement il tirait de ce riche trésor les pensées
les plus vraies, les considérations les plus
pénétrantes dont la conséquence était toujours la même : Dieu seul est grand, Dieu
seul est bon et une seule chose ici-bas est
nécessaire, qui est le servir et l'aimer :
hors de là point de salut, point de bonheur.
A ces leçons, Germain joignait la grande
autorité de son propre exemple ; car, pour
lui, assurait-il, son parti était irrévocable,
il voulait servir Dieu, et pour Dieu il était
résolu à tout sacrifier, sa famille, ses biens,
sa patrie.

(1) Math. vi, 21 : xii, 35.

Que ne peut pas l'aîné d'une famille sur ses jeunes frères, lorsqu'il les aime et que lui-même en est aimé ? Gagné, convaincu, Ruph écouta la grâce et la grande affection qu'il portait à Germain. « Ne sommes-nous pas frères ? » lui dit-il un jour, avec émotion, après un de ces touchants entretiens. Oui, répondit Germain ; et « pour ce ne voulez-vous pas comme moi vous dédier au service de Dieu ? » Ruph le promit et ajouta : « Si en étudiant on le sert, je veux aussi étudier avec vous et faire tout ce que vous m'enseignerez de faire pour le servir (1). » Germain tout heureux de sa conquête promit de tout cœur à ce cher frère de ne pas l'abandonner et tous deux, n'ayant plus désormais qu'un même but, un même esprit, un même espoir, entrèrent enfin dans Paris. Aussitôt Germain, en fils soumis et affectueux, écrivit à sa mère. Il la prévint de l'intention où était son frère de rester à Paris pour y appren-

(1) *Mémoires.*

dre comme lui les *saintes lettres*, et il l'assura qu'ils allaient, dès ce jour, l'un et l'autre s'y adonner avec ardeur. C'est la dernière fois que nos documents font mention de cette digne mère, qui dès ce moment ne paraît plus. Il faut croire que sa mort survint peu de temps après.

Nous sommes sans détails sur le séjour de Germain à Paris. Cette école célèbre a vu dès lors entre jeunes gens de bien belles amitiés, de bien nobles et saintes émulations. Jamais il ne s'y est rencontré deux cœurs d'amis, deux cœurs de frères plus tendrement, plus saintement unis que ceux de Ruph et de Germain. Celui-ci, par le droit de son âge, de son passé, de son expérience, était naturellement le guide, l'ange gardien de son frère. Dès lors, ce n'était pas dans le bruit, dans les fêtes, aux spectacles dangereux du monde qu'on trouvait ces deux jeunes gens ; mais, selon le conseil de l'apôtre (1), tout ce qui est

(1) Ad. Philip. iv, 8.

vrai, saint, aimable, louable, recomman-
dable faisait leur occupation et leur passe-
temps. Une telle distinction de conduite
et d'esprit finit toujours par conquérir tous
les suffrages ; aussi, Germain surtout, dont
les succès égalaient les vertus, était devenu, au milieu de cette jeunesse, l'objet
du respect, de la louange et de l'admiration universelle (1).

Quelques années se passèrent dans cette
vie d'étude, pendant lesquelles Germain
enrichit son esprit de science et l'orna de
cette culture qui ajoute tant de charmes à
la sagesse et tant de lustre à la vertu.

Ses études achevées, non seulement ni
la jeunesse, ni l'étude, ni la vue du monde
n'avaient fait aucune brèche aux premières
résolutions de Germain; bien plutôt, ses
élans, ses soupirs vers le Dieu de son enfance en étaient devenus plus ardents.
C'est pourquoi, sans plus tarder, ce pieux
jeune homme songea à faire choix du lieu
de sa retraite.

(1) Légende.

A cette époque, le grand courant des vocations religieuses se dirigeait vers Cluny, vaste monastère où une suite de saints Abbés avaient rétabli, dans toute sa pureté, la vie monastique que les invasions du IXe et du Xe siècle avaient forcément troublée et désorganisée. Germain qui, comme la colombe, cherchait où poser son pied, dut infailliblement, tout d'abord, penser à Cluny ; mais, ce saint asile n'était pas le seul ouvert aux âmes généreuses, avides de pénitence et de solitude. D'autres monastères rivalisaient alors de ferveur avec cette illustre abbaye, et on y voyait revivre, comme à Cluny, les beaux temps de saint Benoît. De ce nombre était Savigny, au diocèse de Lyon, monastère très cher à saint Odilon de Cluny, qui lui céda, vers ce temps-là, pour Abbé un des plus saints religieux de son propre monastère. Ithérius — c'était le nom du nouvel Abbé — apporta plus de lustre encore à Savigny, dont la régularité était déjà connue au loin. Ce fut à ce monastère, moins nombreux et partant plus solitaire et plus paisible, que Germain donna la préférence. On se souvient de la promesse mutuelle de ne pas se séparer échangée entre les deux frères, sur la route de Paris, le jour où ils avaient quitté leur mère et leur pays. Cette promesse avait été sans doute plus d'une fois rappelée dans leurs entretiens intimes : ils ne doutaient nullement l'un de l'autre. Aussi, à peine Germain eut-il informé son frère du choix qu'il avait fait de Savigny pour y cacher sa vie, que Ruph, ce digne frère, toujours fidèle à Dieu et à lui-même, répondit aussitôt qu'il l'y suivait. Le départ de Paris se fit promptement et jamais entrée en religion ne fut plus évangélique. « Va, dit un jour Notre-Seigneur, à un jeune noble, qui, ayant jusque-là fidèlement observé les commandements, voulait faire mieux encore : Va, vends tout ce que tu possèdes, distribue-le aux pauvres, et tu auras un trésor dans le ciel : et puis, viens et suis-moi (1). » A ces paroles, le jeune

(1) Math. xix, 21.

homme s'éloigna tout triste et ne revint pas ; car il avait de grandes richesses. Germain et son frère furent plus généreux et plus magnanimes. Ayant été favorisés, eux aussi, de l'appel divin, incontinent et tout joyeux ils regagnèrent leur pays, ils y vendirent tous leurs avoirs et en distribuèrent le prix aux pauvres (2). C'est tout ce que nous savons sur leur retour dans leur patrie à cette époque. Ainsi dépouillés de tout, sans plus d'attaches ni d'espoir au monde, ils s'en allèrent ensuite frapper à la porte de Savigny. Ils ne pouvaient pas témoigner à Notre-Seigneur une obéissance, un détachement, un amour plus parfait et on peut bien dire que, par leur générosité, ces deux frères se sont rendus dignes de servir à jamais de modèles aux âmes privilégiées que la même grâce appelle au même bonheur.

(2) Légende.

CHAPITRE III

Germain fait profession à Savigny. — La charge
de cellérier lui est confiée. — Il supporte saintement une grande épreuve.

ÉTANT données l'àme grande et forte
de Germain, ainsi que son expérience déjà longue dans la pratique
des vertus, le temps de l'épreuve au monastère fut pour lui ce qu'il devait être,
un triomphe de plus. Sa famille, le monde,
ses compagnons avaient assez expérimenté
sa constance : elle fut la même, et plus
vaillante encore à supporter les austérités,
les humiliations, toutes les épreuves du
noviciat. Aussi prononça-t-il avec bonheur,
au terme venu et entre les mains de l'abbé
Ithérius, son grand vœu de fidélité perpé-
tuelle à la Règle du monastère. Son frère,
en tout et partout son fidèle compagnon

et son digne émule, fit aussi, à ses côtés, la même promesse. Cependant, Frère Germain et Frère Ruph, maintenant hors du monde et incorporés au monastère, aspiraient encore à un bonheur plus grand, à un sommet plus élevé et plus rapproché de Dieu. La grâce du Sacerdoce était l'objet de leurs plus pieux désirs : ils s'y préparèrent dès lors avec une application continue, et, comme le plus digne prêtre est celui qui est la plus parfaite image de Notre-Seigneur, chaque jour ils s'étudiaient et s'exerçaient à l'exemple de ce divin Maître, à se renoncer davantage, à se sacrifier, à mourir plus complètement au monde et à eux-mêmes.

Orné de tant d'innocence et de vertus, Frère Germain arriva, le premier. à l'âge requis alors par l'Église pour être élevé au Sacerdoce, et il est bien à présumer que cette fois, sans attendre son frère, il passa dans les rangs des Religieux-Prêtres. Ce que, dès lors, son union de chaque jour avec Notre-Seigneur ajouta d'ardeur à sa

piété et de perfection à toutes ses œuvres,
nous ne le pouvons dire, parce que, communément, ces premières années d'un Saint
qui vit dans le cloître restent sans écho et
sans histoire. Etant le dernier venu parmi
ses frères, le nouveau moine, en effet, n'a
rien tant à cœur que de demeurer caché,
perdu dans l'obscurité, dans l'obéissance,
dans l'exercice des plus humbles emplois.
Frère Germain eut beau s'effacer ainsi : on
n'allume pas une lampe, dit l'Evangile,
pour la mettre sous un boisseau, mais bien
sur le chandelier, afin qu'elle éclaire ceux
qui sont dans la maison (1). Dieu n'avait
pas envoyé son Serviteur au monastère de
Savigny à une autre fin. L'heure allait
venir, où la vertu de Frère Germain devait,
aussi, briller au milieu des siens, comme
une belle lampe pour les éclairer et les
réchauffer de sa divine ardeur.

Mais comme toujours la Divine Providence ne fit resplendir cette lumière que

(1) Saint Math., v, 15.

graduellement. Tout d'abord Frère Germain fut investi d'une charge qui, modeste d'apparence, demandait cependant de rares qualités. Le Cellérier, chez les anciens moines, avait le souci de la nourriture des Religieux et des Oblats, c'est-à-dire, des enfants offerts et élevés dans le monastère ; il recevait les pèlerins, les voyageurs ; il avait soin des pauvres et des malades, c'est-à-dire il avait dans le monastère la part de la mère dans la famille, la part de la sollicitude constante , du dévouement absolu et universel. Dès lors, il devait être un homme de grande sagesse, patience, humilité, vigilance et charité. Telle fut la première charge qui échut à Frère Germain et à laquelle il semblait vraiment prédestiné, tant était riche le trésor de bonté, de miséricorde et d'abnégation qu'il portait dans son cœur. Aussi dès la première heure il s'acquitta de son emploi avec un bonheur, une perfection exceptionnelle, ajoutons, avec un mérite d'autant plus grand que, pour nombreuses et pressantes que fussent ses occupations, jamais elles ne l'empêchaient d'assister au Chœur, à l'oraison, à tous les exercices de la Communauté. Encore moins s'en prévalait-il pour accorder quelque relâche à ses austérités habituelles. Une telle conduite l'élevait et l'enrichissait lui-même devant Dieu autant qu'elle édifiait le monastère. Partant, disent les Mémoires, « le Démon, jaloux de son avancement spirituel commença à le vouloir troubler : » et puisqu'il devenait de jour en jour si agréable à Dieu, il fallait bien que la tentation vînt l'éprouver (1).

Le service de Dieu n'en fut jamais exempt ; à plus forte raison, ceux qui veulent suivre de plus près le Sauveur Jésus, doivent-ils toujours rencontrer sur leur chemin les croix et les peines (2). Ce fut du côté le plus inattendu et sous les prétextes les moins fondés que le pieux Cellérier vit venir à lui l'épreuve dont il s'agit. Soit

(1) Job. xii, 13.
(2) II. Tim. iii, 12.

zèle indiscret, soit plutôt jalousie inavouée, quelques moines se mirent à représenter à l'Abbé que « Dom Germain ou Nonne Germain (1) ne pouvait pas à la fois vaquer au bien du Couvent et à tant d'exercices spirituels ; qu'il ne pouvait pas assister si assidûment au service du Chœur et faire ce qui était de sa charge. » Les faits démentaient au grand jour ces allégations, mais on sait que l'envie a des yeux et qu'elle ne voit pas. Comme ces faux zélés ne désarmaient pas et revenaient toujours à leurs plaintes, l'Abbé, pour conserver la paix, déposa Frère Germain de sa charge. Humainement c'était, pour le saint Moine, une mesure douloureuse et mortifiante. Sa vertu en fit un triomphe : car, sous ce coup tout-à-fait inattendu, « il se montra si doux, si joyeux, il remercia Dieu si fervemment

____

(1) D'après Dom Martène, *De Antiq. Monach. Rit.* lib. II, ch. xii, les moines de certains monastères appelaient *Frères* ceux d'entre eux qui leur étaient supérieurs, et *Nonnes* ceux qui leur étaient inférieurs.

que ses envieux en demeurèrent confus (1). »
Telle fut sa vengeance. A la manière des
Saints, non seulement il ne se permit aucun
retour sur lui-même, aucun ressentiment,
aucune parole de plainte, mais il redoubla
d'humilité, de douceur, de prévenance
auprès de tous, et, puisqu'en fait il retrou-
vait plus de liberté, il en profita pour suivre
davantage les saints attraits qui l'avaient
toujours sollicité et qui le sollicitaient sans
cesse. Ainsi son recueillement dès ce jour
devint plus profond ; sa solitude, plus complète ; ses prières, plus prolongées. Son
jeûne surtout et ses pénitences furent beaucoup plus austères. « Avec la permission de
« son Abbé, disent les Mémoires, il passoit
« dès lors trois, quatre et cinq jours sans
« manger ni boire que fort peu de pain
« détrempé dans l'eau. »

On le voit, c'était un commencement, un
essai de vie solitaire. Mais le temps n'en
était pas encore venu, et avant de lui

(1) Mémoires.

accorder la faveur d'une telle vie, Dieu et
le monastère attendaient de lui d'autres
dévouements et d'autres bons exemples.
L'occasion de les lui demander ne tarda pas
à s'offrir.

CHAPITRE IV.

Frère Germain reçoit la mission d'établir le prieuré
de Talloires fondé par Rodolphe III et Ermengarde,
roi et reine de Bourgogne. — Église et monastère
y sont construits.

ÈS l'année 879, l'histoire signale à
Talloires l'existence d'une *Celle* soit
d'une maison religieuse qui était
dédiée à la Sainte-Vierge. Boson proclamé
roi de Bourgogne, en fit aussitôt le don à
l'abbaye de Tournus. Deux fois, dans le
cours du siècle suivant, c'est-à-dire en 916
et 941, cette donation de Talloires à Tournus
fut confirmée par les Rois francs. Nous
sommes du reste sans autres données sur
cette maison et sur sa destinée pendant le
Xe siècle, temps de lugubre mémoire qui
vit les farouches Sarrasins sillonner nos
vallées. Il est certain que ces Barbares ont
alors occupé le plateau des Bauges voisin

de Talloires et il ne conste pas moins qu'ils
détestaient les moines et s'en prenaient de
préférence aux monastères. On comprend
dès lors le trouble profond qu'ils durent
apporter dans celui de Talloires qu'ils rava-
gèrent certainement. Toutefois la fin, la
ruine totale de cette maison, ne s'en suivit
pas, puisqu'on y trouve encore quelque
moines au commencement du XIe siècle (1).
Alors, les temps étant devenus meilleurs,
une haute protectrice prit en main sa
cause.

Ce fut la reine du pays, Ermengarde,
deuxième épouse de Rodolphe III, dernier
roi de Bourgogne. Voulant assurer l'avenir
de cette ancienne demeure monacale et en
faire un monastère florissant, Ermengarde
pria le Roi de l'unir à l'abbaye de Savigny.
Deux archevêques du nom de Burchard,
l'un de Lyon et l'autre de Vienne, ainsi que
d'autres grands personnages s'associèrent à

(1) Charte de donation de Rodolphe III : *Mém. de Besson,*
p. 143.

la demande de la Reine. L'an 1016 (1)
croyons-nous , Rodolphe III accorda ce
diplôme d'union et l'empereur saint Henri
l'approuva et le signa après lui. Par cet
acte, le roi Rodolphe donnait Talloires à
Saint-Martin de Savigny et le plaçait sous
l'obéissance et le gouvernement d'Ithérius,
Abbé régnant. Ainsi c'était un nouveau
monastère, un prieuré à établir que la
Divine Providence présentait à Ithérius.
L'œuvre était particulièrement délicate et
difficile. Il s'agissait d'une fondation à
grande distance, d'une ancienne institution
à relever de ses ruines matérielles et

(1) La Charte de Rodolphe est sans date, mais nous savons
que, sous le gouvernement d'Ithérius Abbé de Savigny, le
roi Rodolphe a eu deux entrevues avec l'empereur Henri :
la première à Strasbourg, en 1016 ; la seconde à Mayence,
en 1018. A Strasbourg, Rodolphe était accompagné des deux
Archevêques Burchard, tandis que leur présence n'est point
signalée à Mayence. Or, le roi, dans sa charte, dit formellement qu'il donne Talloires à Savigny à la demande de ces
deux Prélats. Il est donc naturel de conclure que cette
charte a été accordée en 1016 à Strasbourg, plutôt qu'en
1018 à Mayence.

morales, pour la transformer en une famille religieuse toute nouvelle qui répondît aux vœux des plus hauts personnages. Réussir dans ce dessein ne pouvait être l'œuvre que d'un sage et d'un saint. L'Abbé Ithérius chercha cet homme parmi tous ses moines et, entre tous, il le reconnut plus distinctement dans Frère Germain. S'il avait apprécié le dévouement absolu, la charité parfaite de ce saint Religieux, tandis qu'il était en charge dans la Communauté, il avait admiré plus encore son héroïque humilité, sa complète mort à lui-même, lorsqu'il fut soumis à l'épreuve que nous avons racontée. Ithérius, « le Chapitre convoqué et les Religieux entendus, » désigna donc Frère Germain comme Prieur de la nouvelle fondation de Talloires. Il lui fallait des aides. On lui adjoignit deux diacres Ismius et Ismido, mais surtout son frère Ruph, prêtre comme lui. Nous avons dans ce fait une nouvelle preuve de la considération exceptionnelle dont jouissaient les deux saints frères au milieu des leurs. Dans quelques monastères, la règle (1) y défendait absolument l'habitation simultanée de deux frères, par crainte sans doute de partialité l'un pour l'autre. Mais la vertu de Germain l'élevait bien au-dessus de ces soupçons et Frère Ruph lui fut associé sans crainte dans la nouvelle fondation.

Le nouveau Prieur, dit sa légende, fut le premier qui apporta la règle de saint Benoît dans nos quartiers (2), c'est-à-dire à Talloires. En effet la règle que l'on y avait suivie jusque-là devait-être celle de Tournus appelée : *Règle de saint Philibert* (3). Remplacer cette ancienne règle par la règle pure de saint Benoît, ne fut pas le seul souci de Germain, quand il se mit à l'œuvre. Il dut construire à nouveau et monastère et église.

D'après une tradition qui subsiste encore dans le pays, les moines de Talloires auraient autrefois vécu isolés, épars, habitant chacun

____

(1) Dom Martène, de *Antiq. Monach. Rit.*, lib. V, ch. iii.
(2) « His in partibus. »
(3) Baillet, *Vies des Saints*. Saint-Filbert, 20 oct.

une cellule, sur un espace de terrain encore
aujourd'hui appelé : le Clos du Moine. Ils
se réunissaient seulement à l'église pour les
prières communes. En effet plusieurs monastères ont ainsi commencé. Les cellules isolées sont aussi mentionnées dans les premiers temps de l'Abbaye d'Aulps, et à
l'époque même où la colonie de Savigny
arrivait à Talloires, saint Romuald, tout
en gardant la règle de saint Benoît, adop-
tait ce genre de cellules pour l'Ordre des
Camaldules qu'il fondait en Italie.

On connaît l'aspect simple et austère
que présentent les couvents de ces pieux
solitaires. N'étaient l'église et la cloche qui
trahissent un monastère en appelant les
moines à la prière, on dirait plutôt un
modeste hameau isolé sur une colline ou
caché à l'ombre des bois. Près de l'église,
un seul bâtiment un peu spacieux se présente, c'est la maison de l'hospitalité où l'on
reçoit les visiteurs. Ne cherchez pas le
monastère : vous voyez le long du lieu saint
une ou deux rangées de maisonnettes à la

basse toiture flanquées d'un petit jardin. Chaque solitaire habite une de ces étroites cellules et c'est là qu'il passe dans le plus rigoureux silence, tout le temps qu'il ne donne pas à l'office et aux cérémonies de l'Église. Ainsi sont établis les couvents de Camaldules.

Des cellules ainsi isolées avaient-elles existé à Talloires ? ou bien l'ancienne Celle donnée par Boson y subsistait-elle encore, mais délabrée et caduque ? Nous ne pouvons le dire : Toujours est-il que le Prieur Germain s'empressa de faire construire un monastère à la manière des Bénédictins (1). De même l'église précédente, soit vétusté, soit insuffisance pour les besoins nouveaux, demandait à faire place à une autre plus spacieuse. La Reine elle-même se réserva d'en supporter les frais et ce fut par ses lar-

---

(1) Ce monastère élevé sous les yeux et par les soins de Saint-Germain a duré jusqu'au xviie siècle. Il fut alors (1622) remplacé par un autre cloître et un monastère qui subsistent encore, en majeure partie du moins. Un hôtel pour les étrangers y est aujourd'hui installé.

gesses qu'à côté du Prieuré on vit s'élever,
en beau style du temps, ce grand édifice
connu sous le nom d'église d'Ermengarde,
qui est resté debout, jusqu'à la Révolution
française. Quand ce temple, don de sa
royale munificence, fut achevé, la Reine
voulut que la consécration s'en fît avec le
plus grand éclat. A cette fête quatre Prélats
du royaume de Bourgogne, à savoir les
archevêques de Vienne, de Tarentaise, les
évêques de Genève et de Valence se trou-
vèrent réunis à Talloires. La Reine elle-
même s'y rendit suivie de plusieurs de ses
féaux, entr'autres du comte Humbert nom-
mément désigné. Ce fut en présence d'une
si haute assemblée qu'en 1030 ou 1031 la
nouvelle église fut consacrée à Dieu sous le
vocable de la Sainte-Vierge et de Saint-
Maurice, comme l'avait été celle qui l'avait
précédée.

Toute à la joie de son œuvre achevée,
Ermengarde voulut la couronner en lui
assurant l'avenir. A cette fin, bien que le Roi
Rodolphe eût déjà doté le nouveau prieuré,

Ermengarde, dans une charte bien connue, lui céda encore plusieurs biens et seigneuries. Ce qui lui a valu de partager dans l'histoire, avec son royal époux, le titre de Fondatrice de Talloires.

Le Roi et la Reine de Bourgogne avaient en effet relevé cette maison de ses ruines, et par leurs largesses ils l'avaient transformée extérieurement en un beau et grand monastère, mais en réalité le vrai fondateur, celui de qui était venu le souffle de vie sur cette création, était Frère Germain. En qualité de Prieur, c'est-à-dire de chef, de guide, de père de la nouvelle Colonie, avant tout il s'était appliqué à la former à la pratique du plus pur esprit, de la plus parfaite observance religieuse. Or, comme il était lui-même un modèle achevé du saint et fervent moine, ses exemples joints à ses leçons eurent bientôt fait de ses compagnons autant d'émules et d'imitateurs de ses propres vertus. Les saints fondateurs ont ce privilège de susciter autour d'eux d'autres eux-mêmes, de former des disciples qui,

étant leur œuvre directe et comme leurs
premiers nés, reproduisent plus fidèlement
leur esprit, leurs aspirations, toute leur
personnalité. C'est là le beau temps, l'âge
d'or de tous les monastères. Nous verrons
ci-après que ces beaux jours se prolongèrent
à Talloires tout le temps de la très longue
vie de son saint Prieur. Mais poursuivons
la suite de son histoire.

CHAPITRE V.

Frère Germain est chargé de l'éducation du jeune
Bernard, fils du Seigneur de Menthon. — Il
l'accompagne aux écoles de Paris — Retour à
Menthon. — Rentrée de Germain dans son
Prieuré. (1)

'HOMME de bien, le Saint surtout se
révèle toujours par l'autorité, l'in-
fluence, le prestige qu'il exerce
autour de lui. Frère Germain présidant au
nouveau Monastère avec tant de succès,
eut bientôt acquis dans le pays une grande

(1) Est-il certain que le précepteur de Bernard de Menthon n'ait pas été autre que Germain le saint Prieur de
Talloires ?

Communément les auteurs de la vie de saint Bernard de
Menthon font vivre ce Saint au xe siècle : ils fixent sa naissance à l'an 923 et sa mort, à l'an 1008. Si ces dates sont
exactes, assurément saint Germain n'a pu diriger l'éducation de saint Bernard puisque, saint Bernard étant du

renommée. Ses vertus, sa sagesse l'avaient mis en vue et la considération dont il jouissait était générale. C'est pourquoi Richard seigneur de Menthon jeta les yeux sur lui pour lui confier l'éducation de son fils unique Bernard. La pensée était d'un père sage ; mais enlever le Prieur à son Prieuré n'était pas facile. Toutefois Richard était un voisin puissant et un ami bienfaisant. D'autre part, l'œuvre de Germain, son monastère, était établie, fondée et Ruph son frère, aussi saint Religieux que lui, pouvait très dignement prendre sa place. Ces considérations et d'autres qui nous sont inconnues durent plaider la cause du Seigneur de Menthon et

xᶜ siècle et saint Germain du xrᶜ, tout un siècle les sépare. Mais une opinion qui n'est pas nouvelle se dégage et s'établit peu à peu. Saint Bernard appartiendrait non point au xᶜ siècle, mais bien au xrᵉ comme saint Germain. Dans ce cas la grande objection opposée au préceptorat de saint Germain s'évanouit, il n'y a plus d'anachronisme et, cet épisode étant admis, sa vraie place dans la vie de notre Saint est celle que nous lui donnons dans ce chapitre. Bien entendu, nous ne préjugeons point la question : elle reste entière.

Frère Germain lui fut accordé. Les voies de
la Divine Providence sont toujours admi-
rables. Ses supérieurs enlevaient le saint
Prieur à sa charge, à sa cellule pour l'em-
ployer à une œuvre bien moindre en apparence, en réalité il était appelé à former un
saint, un fondateur d'ordre, un grand bien-
faiteur de l'humanité. Le saint Religieux s'y
dévoua avec tout son zèle au château de
Menthon d'abord, ensuite à Paris où il suivit
Bernard aux écoles publiques. Ce fut là surtout que ce sage Mentor exerça sur son
élève l'action la plus heureuse. Germain
connaissait les écueils, les occasions, les
compagnies où sombrait la vertu de la jeunesse des écoles. Il s'en était gardé lui-
même, il en avait préservé son frère. A son
tour, Bernard conseillé, dirigé par lui,
échappa à tous ces dangers. Et comme la
vertu grandit par la victoire, non seulement
Bernard ne se laissa point séduire par la vie
de plaisir; en plein Paris, au milieu de cette
jeunesse turbulente et légère, il porta si loin
la crainte du mal et le désir du bien, qu'il

prit la ferme résolution de tout quitter pour
se donner à Dieu. Un tel projet ne pouvait et ne devait pas rester caché à celui
qui, après Dieu, en était le véritable auteur. Quand Bernard s'en ouvrit à Germain,
celui-ci, en guide prudent, en ami dévoué,
lui fit force difficultés, remontrances et
considérations, l'invitant à prier et à ré-
fléchir beaucoup. Bernard obéit, mais, le
temps qui dissipe, comme un nuage, les
vains projets et les vocations mal fondées,
ne fit que le confirmer dans la sienne. Il
s'y sentait inébranlable. Quant au temps,
au moyen de venir à l'exécution, il s'en
remit à Dieu lui-même.

Ses études achevées, Bernard, toujours
accompagné de Germain, rentra dans sa
famille où il était impatiemment attendu.
A son retour, les fêtes furent joyeuses et
brillantes. Son père, qui voyait en lui son
successeur, était très pressé de le produire
dans le monde. Bernard, loin d'être attiré,
séduit par ces fêtes, n'y voyait qu'un piège
et un obstacle à sa vocation. Aussi n'y

ressentant que tristesse, il s'y prêtait à contre-cœur. Son père vivement contrarié dissimula quelque temps son mécontentement, puis enfin, ayant obtenu la promesse d'un mariage qui faisait, à ses yeux, le plus grand honneur à sa maison, il ordonna formellement à son fils d'y consentir. A ce coup Bernard éperdu se troubla, s'excusa, allégua des prétextes, demanda un sursis. Son père, soupçonnant alors que son maître Germain pouvait bien n'être pas étranger à cette résistance, fit aussitôt mander le saint Religieux. Germain se présente et entend tomber sur lui toutes les récriminations, tous les reproches de ce père irrité. On ne dit pas quelle fut sa réponse. Comme on le congédia brusquement et sur l'heure, à l'instant il sortit du château et reprit le chemin de son Prieuré. Dès ce jour, dès cette scène si pénible à l'un et à l'autre, le maître et l'élève, Bernard et Germain, probablement ne se revirent jamais.

On sait avec quel héroïsme, au prix de quels sacrifices, le jeune Saint demeura fidèle à sa vocation. Sa fuite nocturne, son évasion périlleuse du château paternel est toujours célèbre. S'étant réfugié très secrètement dans la cité d'Aoste, il y devint un saint Prêtre et un saint Prévot. Le zèle et la charité se partagèrent son temps. Comme un véritable apôtre, il prêchait la parole de Dieu et la portait jusque dans des diocèses lointains. Enfin, il couronna sa vie et ses œuvres, par cette création hardie qui immortalisera son nom. Au plus haut des Alpes, au milieu des glaces et des neiges, il n'hésita pas à s'établir avec ses Religieux, et là, il bâtit l'église et l'hospice de son nom, où, pendant des siècles, une infinité de voyageurs ont trouvé le salut et l'hospitalité la plus chrétienne et la plus généreuse.

Pendant ce temps, son maître Germain, de son côté, poursuivait aussi sa carrière non moins remarquable. Revenons à ce saint moine.

CHAPITRE VI

Frère Germain est rappelé de Talloires à Savigny. — Il fait le pèlerinage de Terre-Sainte. — De nouveau il revient à Talloires.

RÈRE GERMAIN n'eut pas la satisfaction souvent accordée aux fondateurs de monastères, celle de rester sur place pour jouir de leur œuvre. Sa mission remplie, demanda-t-il lui-même à s'effacer et à disparaître, ou bien une nouvelle et plus. grande épreuve fut-elle encore imposée à sa vertu ? Nous ne savons. Toujours est-il dit qu'il fut rappelé dans son premier monastère, celui de Savigny. Au moins, le Prieuré de Talloires, qui lui était si cher, était entre les mains de son frère Ruph, qui lui avait succédé comme Prieur ; cette pensée fut douce à Germain, qui partit sans inquiétude, sinon sans peine.

L'ex-prieur rendu à sa première cellule de Savigny aurait pu, sans reproche, y prendre un repos bien mérité. Les Saints ne savent pas s'accorder du repos. Souffrir, travailler, se dévouer, mériter sans cesse, c'est leur vie, leur besoin de chaque jour. C'est pourquoi Frère Germain, au lieu de la vie ordinaire du cloître, songea bientôt à un emploi de son temps qui fût plus méritoire et de plus grande édification pour le prochain. A cette époque, les pèlerinages étaient en très haute faveur. L'esprit de foi qui les inspirait, les privations, les souffrances de tout genre, les beaux exemples qui en étaient le cortège ordinaire, les avaient fait placer parmi les œuvres du premier mérite. Frère Germain, attiré par cette dévotion, sollicita donc la faveur de visiter aussi lui-même en pèlerin les plus célèbres sanctuaires. Rien ne ressemble moins à un voyage d'agrément que ces anciens pèlerinages. Le touriste moderne, toujours bien pourvu, ne trouve généralement, le long de sa route, sauf

quelques contre-temps inévitables, que jouis-
sances et distractions agréables. Tel est du
reste le but de son voyage. C'est un homme
en quête d'impressions, de nouveautés, de
curiosités ; peut-être recueille-t-il les pages
d'un livre destiné, dans sa pensée, à lui
faire un nom, une fortune, une situation.
Tout autre était le pèlerin du moyen-âge.
Le plaisir, la curiosité, l'ambition n'en-
traient pour rien dans son projet. Souvent
son principal mobile, sa pensée dominante
était l'expiation, la pénitence, le repentir
de ses fautes ; dans ce cas il s'imposait les
conditions de voyage les plus pénibles et
les plus humiliantes ; il s'en allait sans argent, sans provision, un cilice sur les
épaules, une corde autour des reins, des
sandales aux pieds. Tous les pèlerins ne
portaient pas cette livrée ; mais, du moins,
c'était toujours un édifiant, un émouvant
spectacle que ces humbles et vaillants chrétiens venus de loin, avec grande fatigue,
et priant Dieu dans ses temples avec tant
de foi, de simplicité et de confiance. Frère

Germain, devenu simple Religieux pèlerin, parut ainsi dans divers sanctuaires. Très probablement il visita Rome et Lorette. Il est dit positivement qu'il alla jusqu'en Terre-Sainte. Beaucoup de chrétiens, dans ce même temps, firent le même voyage. L'histoire raconte, en effet, qu'après l'an mil, surtout depuis 1030, le pèlerinage de Jérusalem, longtemps interrompu, reprit un grand essor. Ce n'était pas seulement par petites compagnies, mais par centaines et par milliers que les chrétiens partaient pour la Ville-Sainte, conduits par un Abbé, un comte, un évêque. Sous forme de pèlerinages, les Croisades commençaient.

Nous ignorons par quelle voie, en quelle compagnie Frère Germain s'y achemina. Nous savons seulement qu'il eut beaucoup à souffrir, en mémoire et pour l'amour de Jésus-Christ, durant son pèlerinage. C'était le sort de tous. Tant que le pèlerin se trouvait en pays chrétien, ses fatigues et ses privations étaient du moins adoucies par l'accueil religieux et cordial qui lui était fait partout, spécialement s'il était Religieux ou Prêtre : car héberger, secourir, réconforter le pèlerin était alors une œuvre de charité évangélique universellement et généreusement pratiquée. Mais tout était changé, dès que le pèlerin atteignait, hors d'Europe, les terres des Sarrasins. A raison de sa foi et de sa nationalité, il n'était plus là qu'un ennemi : et dès lors, vol, avanies, mauvais traitements, il avait tout à craindre, s'il n'était pas en caravane.

Notre saint Religieux avait prévu tous ces accidents et toutes ces souffrances, puisqu'il était parti pour Jérusalem dans la pieuse intention de suivre et de méditer tous les pas de Notre-Seigneur sur la voie douloureuse. Tous ses désirs étaient donc de souffrir pour son saint nom : ainsi il participait à ses douleurs, il s'associait à sa passion. Mais aussi bien grandes furent sa consolation et la joie de son cœur, lorsqu'arrivé à terme, il lui fut donné de contempler l'étable de Bethléem, le Cénacle, le Jardin des Oliviers, le Calvaire surtout, le Saint-

Sépulcre et tous les lieux témoins de l'a-
mour et des souffrances du Sauveur. Nous
ne savons rien du séjour et des diverses
courses de Germain en Palestine : assurément il y reçut en contentement intérieur,
en joie spirituelle, bien au-delà du centu-
ple des peines qu'il avait endurées.

Frère Germain avait toujours été un véritable ami de la croix et toute sa vie il devait lui rester fidèle, en reproduisant et en
portant sur son corps, selon la parole de
saint Paul, la mortification de Jésus-Christ.
Ce bon Sauveur sembla lui en faire la promesse et lui en donner un gage au moment
du retour.

Ordinairement le pèlerin apportait de
Terre-Sainte une palme, un souvenir quelconque du Saint-Sépulcre, du Mont des
Oliviers, de Bethléem, et ce souvenir était
regardé comme un trésor. Frère Germain
fut beaucoup plus privilégié ou plus heureux. Il revint étant en possession d'un
grand nombre de Reliques dont la princi-
pale était une Relique de la vraie Croix ;

ce qui nous porte à conclure que Frère Germain n'avait pas paru en Orient comme un pèlerin de condition commune. Pour obtenir de telles faveurs, il avait dû ou voyager en la compagnie de quelques personnes de marque, ou présenter de hautes et puissantes recommandations (1).

Cependant le saint Religieux, ayant terminé son voyage, avait déposé le bâton du pèlerin. Il était parti de Savigny pour les Lieux saints, c'est au monastère de Talloires .que la sainte obéissance le ramène de nouveau, et sans doute grande fut la joie qu'y causa son retour. Ce jeune prieuré était son œuvre, sa création, sa famille ; il ne l'avait quitté que depuis peu d'années. Infailliblement Ruph son frère, Ismius et Ismidon ses anciens compagnons et tous les Religieux ses disciples l'y reçurent, en louant et bénissant Dieu. De son côté, l'ancien Prieur n'avait rien perdu de sa constante

(1) On croyait, en effet, au monastère de Talloires, que saint Germain avait obtenu ces précieuses Reliques sur la recommandation de la reine Ermengarde.

et paternelle sollicitude pour son monastère. C'était à son intention qu'il avait sollicité et obtenu les saintes Reliques qu'il
avait apportées ; il s'empressa donc, aus-
sitòt arrivé, de lui en faire hommage. Jamais don n'avait été plus opportun et plus
agréable. A cette époque, dans nos contrées
du moins, on ne possédait encore que peu
de Reliques, et les églises qui en étaient
dépositaires étaient en très grande faveur :
tant, à cet âge de foi, la dévotion aux Reliques des Saints était profonde, populaire,
universelle. Une fondation surgissait-elle
quelque part, toute l'ambition de la nouvelle église était de pouvoir offrir des Reliques à la vénération publique, certaine
qu'elle était d'intéresser et de contenter
grandement la foi des chrétiens. Le Prieuré
de Talloires devait être dans ce cas. Aussi
le pieux trésor que lui apportait son premier Prieur, y fut-il reçu avec un grand
bonheur, et conservé, dès lors, avec un respect, un soin jaloux qui reposait sur ce
double titre. Ces Reliques n'étaient pas

seulement vénérables en elles-mêmes et par leur origine, elles étaient de plus le don personnel de saint Germain, qui les avait conquises au prix des plus grandes fatigues. On tenait donc à elles comme à un témoignage permanent de son affection paternelle. Tous ces pieux souvenirs du saint Prieur ont disparu dans la tourmente de 1793, sans en excepter cette Relique de la vraie Croix que nous avons mentionnée. Plus honorée que toutes les autres, celle-là était enchâssée dans une petite croix patriarcale, et on la gardait dans le tabernacle lui-même. Un prêtre la portait, avec une écharpe, aux principales processions de l'année, et tous les jours compris entre le 3 mai et le 14 septembre, après la Messe conventuelle, le Célébrant s'avançant jusqu'à une des portes de l'église, bénissait le temps avec cette croix. Il est probable que les derniers moines, en se réfugiant au-delà des Alpes, ont emporté cette petite croix. Heureux eussent été les Religieux de Talloires, si, à toutes les époques, ils eussent été fidèles à ses enseignements ! Confiée par saint Germain à ses Religieux, elle avait été, pendant plus de sept siècles, leur conseil, leur encouragement, leur fidèle compagne. Au dernier jour du monastère, quand les derniers moines prirent la route de l'exil, elle fut encore leur consolation et leur soutien. L'Eglise a donc bien raison d'appeler la croix : *Notre unique espérance.*

CHAPITRE VII

Frère Germain se choisit une solitude. — Sa grotte
dans le flanc d'un rocher. — Comment il partage
sa vie entre cette grotte et le monastère.

RÈRE Germain rentrant dans son
Prieuré de Talloires, après un si long
et si saint pèlerinage, y reparut avec
tout le prestige de la grande expérience
et de tous les mérites qu'il venait d'ajouter
à ses premières vertus. Dans les vœux et
la pensée de tous, il allait, évidemment, à
la première occasion, y reprendre sa place
naturelle, sa place de Prieur et de Fondateur. Germain se promettait, lui, un tout
autre avenir.

Nous avons, avec quelques détails, rappelé la vie des Solitaires dans notre préface.
Ces ermites étaient pour la plupart des
moines Bénédictins. On sait que saint Be-

noît avait commencé lui-même par mener
une telle vie dans sa grotte de Subiaco, et
sa Règle, expression de la plus haute sagesse, n'avait que des éloges pour le Religieux, qui, « n'était pas emporté par un
zèle de novice, » mais qui, après avoir
combattu longtemps avec ses frères « comme en un corps d'armée, » se trouvait
assez fort pour se retirer en solitude et y
entreprendre, « sans assistance ni consolation de personne, un combat de main en
main et comme un duel spirituel contre les
vices de la chair et les assauts de l'imagination. » Naturellement, dans les monastères plus encore que dans le monde, ces
austères habitants du désert inspiraient un
vif intérêt, et, à la grande édification de
tous, on s'y entretenait beaucoup de leurs
privations, de leurs veilles, de tous les mérites de leur sainte existence. A cette époque de la vie de saint Germain où nous
sommes arrivés, c'est-à-dire après 1030,
les exemples de Religieux vivant ainsi
ou ayant vécu naguère en solitaires ne

manquaient point. Il y en avait auprès du Mont-Cassin, et Cluny avait eu les siens. Surtout la renommée de saint Nil le Jeune et de saint Romuald, morts depuis peu, remplissait tous les cloîtres ; or le plus grand attrait de la vie de l'un et de l'autre était précisément dans leur attachement à la vie solitaire, dont ils avaient été d'ardents propagateurs et de parfaits modèles. Si nous rapprochons de ces données l'attraction supérieure que Germain, dès sa première enfance, avait toujours ressentie pour la vie de dépouillement, de silence et d'union avec Dieu, nous comprendrons comment ce saint homme, à son retour de Jérusalem, ne voulut plus se contenter de la vie commune du monastère. La vie des Solitaires était là, devant lui, possible, désirable, beaucoup plus parfaite. Les traditions de son Ordre, les encouragements de sa Règle, les exemples de plusieurs, ses souvenirs de pèlerin, ses propres attraits, tout l'y appelait avec une force et une persévérance irrésistibles. Il demanda donc et obtint de ses Supérieurs la permission de chercher, lui aussi, non loin du monastère, un abri caché, une grotte isolée. L'abri ne fut pas difficile à trouver.

Le monastère de Talloires, bâti sur la rive méridionale du lac d'Annecy, est assis à la racine même d'un groupe (1) de hautes montagnes. A l'Orient et un peu en amont du monastère, se dresse un premier rang de rochers escarpés qu'entr'ouvre un profond ravin où roule un torrent descendant des hauteurs. Au-dessus de cette muraille de rochers s'étend un plateau adossé à la haute montagne, et sur lequel sont espacés les divers hameaux de la paroisse, dite aujourd'hui de Saint-Germain. Du monastère à ce plateau, un chemin s'élançait hardi, scabreux, rapide, escaladant les rochers, côtoyant le précipice. Ce fut non loin de ce chemin rapide et au beau milieu de ce gouffre effrayant, que Frère Germain choisit le lieu de sa retraite. Qu'on se représente un

(1) Le groupe de la Tournette.

petit sentier non pas longeant la suprême cîme du ravin, mais qui s'engage plus bas sur un étroit rebord du rocher qui forme paroi sur l'abîme. Visiblement, ce sentier n'est plus aujourd'hui le sentier primitif, il a été élargi, nivelé, consolidé à l'usage des pèlerins, il dut l'être déjà pour Frère Germain lui-même ; car, évidemment, il n'était tout d'abord qu'un passage étroit, inégal et très audacieux.

La grotte où ce sentier conduit répond à une telle avenue. A hauteur d'homme, le rocher élancé que l'on côtoie offre bientôt une saillie en avant très prononcée, sorte d'avant-toit sous lequel on peut déjà s'abriter ; mais, tout à coup, le flanc du rocher se creuse davantage, la saillie devient plus proéminente, et il en résulte une véritable retraite s'ouvrant comme une bouche béante sur le bord de l'abîme. Il est difficile de rendre le caractère étrange, imposant, terrifiant de ce site. On a devant soi, sous ses pieds, le gouffre inconnu, mystérieux, profond. D'ordinaire, le silence y règne, mais, parfois, le torrent grossi par les pluies y gronde et bondit furieux ; tandis qu'au-dessus l'aigle tournoie et plane majestueusement sur ce grand vide. Telle est la grotte. Cependant, ses abords et le chemin qui y mène ne sont pas sans grâce. Comme un fragment de miroir, on voit briller en bas dans la plaine, cette belle nappe d'eau qui sépare Duingt de Talloires, mais surtout, on y jouit de la pleine vue des montagnes qui sont tout autour d'une très grande variété et originalité de forme. Du reste, la sympathie pour la grande nature et le vif sentiment de ses beautés n'étaient pas étrangers, chez les Solitaires, au choix de leur retraite : « Les bois, les forêts, les rochers, dit saint « Bernard, renferment des leçons qu'aucun « maître n'a jamais enseignées (1). » En société des oiseaux qui gazouillent, dit saint Jérôme (2), les psaumes sont bien plus doux à chanter. En effet, nulle part comme dans

(1) Epist. 106.
(2) Ep. ad. Marcellam.

les champs et la solitude, on ne comprend et on ne goûte les Livres Saints qui invitent sans cesse toutes les créatures à bénir le Seigneur.

L'abri du futur ermite étant trouvé, il fallut le rendre habitable, en fermant par un mur ou une cloison sa large ouverture ouverte sur l'abîme. Un mur semblable le ferme encore aujourd'hui, ce qui fait que nous avons encore sous les yeux la grotte de saint Germain, telle qu'il l'habita lui-même, car on ne voit pas les changements qu'elle aurait pu subir. Cette grotte ainsi fermée ressemble à une vraie cellule pratiquée dans le roc, mais ce roc suinte parfois l'humidité de toutes parts : souvent même, par grosses gouttes, l'eau en découle de plusieurs fentes. Une telle humidité y est constante en hiver, et l'idée seule d'une nuit à passer sous ce rocher donne l'épouvante. Parvint-on à remédier à cet inconvénient, quand Frère Germain s'établit dans cette grotte, ou l'aurait-il habitée telle quelle?

Une grotte ou une cellule, avons-nous vu, ne suffisait pas au moine qui allait en solitude. La Règle et l'usage lui imposaient encore un Oratoire. Faute d'espace, Frère Germain ne put pas établir son Oratoire près de sa grotte ; il le porta plus haut, sur le rocher qui la dominait, à l'endroit même où se trouve aujourd'hui l'église paroissiale qui a pris sa place, en la dépassant considérablement.

Tout étant prêt pour sa retraite, Frère Germain adopta un règlement de vie qui fut comme une transaction entre les divers genres de vie solitaire. Parmi les amis de la solitude, les uns, c'est-à-dire les plus vaillants, les intransigeants, disaient avec saint Jérôme : « Pour moi, la ville est une prison et la solitude un paradis. » Ceux-là s'en allaient au désert, s'y vouaient à un silence, à un isolement complets. C'était la retraite totale et quelquefois irrévocable. D'autres moins généreux ou moins absolus n'adoptaient pas le désert avec tant de rigueur. Ils préféraient alterner entre la vie solitaire et la vie du cloître, passant successivement de l'une à l'autre. D'autres enfin, plutôt cénobites que solitaires, se contentaient d'une retraite momentanée de peu de jours, par exemple, pendant le Carême de Pâques ou celui de Noël. Ces trois manières de solitude avaient chacune leurs avantages et leurs mérites. Les premiers, anachorètes parfaits, excellaient par le renoncement absolu, par le dépouillement irrévocable. Les autres, en compensation de cette infériorité dans le sacrifice, avaient pour eux le mérite de la vie commune et des exercices réguliers. Il est évident que Frère Germain, en réglant sa nouvelle vie, s'inspira de l'exemple de tous et qu'il chercha à retenir, à reproduire ce que les uns et les autres lui offraient de précieux. En effet, voici d'après les documents, l'emploi de ses journées de solitude. Chaque matin, il descendait régulièrement de sa grotte au monastère, *dès l'heure des Matines jusqu'à celle des Complies. Les Matines*, à cette époque, désignaient cette partie de l'Office divin qui se chantait le matin à l'aurore. Quant à ces psaumes et prières que maintenant nous appelons : *Matines*, cette partie de l'Office portait alors un autre nom et se psalmodiait, après le chant du coq, vers le milieu de la nuit, par conséquent à une heure qui variait avec les saisons. A ces dernières prières du milieu de la nuit, évidemment Germain ne pouvait pas être présent. En même temps que les Religieux les récitaient en chœur dans l'église du monastère, lui, Solitaire, en s'unissant à eux, les disait dans sa grotte ou son Oratoire. Mais, puisque chaque jour il assistait aux Matines, c'est-à-dire aux prières de l'aurore, il fallait donc que chaque jour et de très grand matin, il descendît au monastère pour s'y trouver à l'heure de ces prières.

Dans les beaux jours, ce sentier rapide et rocailleux qui descendait de la montagne était un peu moins laborieux ; mais, en hiver, par le mauvais temps et pour un vieillard, — Frère Germain le fut bientôt, — ce chemin devait être bien dur.

Après les Matines du monastère, chaque jour le saint homme célébrait les Saints Mystères, à la suprême édification de tous. On serait tenté de croire qu'il remontait ensuite immédiatement dans sa solitude, puisqu'il avait accompli le grand devoir envers Dieu et envers son âme. Mais, en vrai Bénédictin, Frère Germain attachait la plus haute importance aux prières, aux cérémonies, à toutes les parties de la sainte Liturgie, et il ne voulait s'en priver que dans la moindre mesure possible. C'est pourquoi, d'après les *Mémoires,* il séjournait dans l'église jusqu'après les Vêpres chantées. Alors seulement, il reprenait le sentier de son ermitage. Au XVIIe siècle (1), on montrait encore, à mi-chemin à peu près, le roc sur lequel, en montant, il s'asseyait pour reprendre haleine. Rentré dans sa solitude, dès qu'il entendait donner au couvent le signal des Complies, il les ré-

(1) *Vie de Mgr de Granier,* ch. IV, p. 15.

citait lui-même, ou dans sa grotte, ou dans son Oratoire. Le jour ecclésiastique était fini et tout l'Office divin achevé. Il prenait alors, dans sa grotte et jamais ailleurs ni plus tôt, son unique réfection que lui fournissait le monastère. Cet unique repas, retardé jusqu'au soir, était de règle ou d'usage dans plusieurs monastères ou ermitages. Germain, tout vieillard qu'il était, se réduisit courageusement à un tel jeûne. Toutefois, si rigoureux qu'il fût, ce jeûne ne lui suffisait plus, dès que revenaient les saints jours du Carême et de l'Avent. Pour redoubler sa pénitence, le saint Ermite ne se sustentait plus alors que de légumes crus et d'herbes sans apprêt, dont il se faisait une maigre pitance, et encore il ne se faisait cette concession que le dimanche, le mardi et le jeudi seulement (1). Telle était la journée de Germain dans son cours normal et régulier, c'est-à-dire quand le ciel avec ses intempéries, ou l'hiver avec ses rigueurs

(1) *Mémoires.*

ne l'empêchaient pas de descendre au monastère. Dans cette prévision, nous avons vu qu'il s'était préparé, non loin de la grotte, un oratoire. Dès lors, était-il retenu prisonnier sur la montagne, c'était dans ce petit sanctuaire qu'il passait la journée. L'Oratoire, pendant les mauvais jours, remplaçait pour lui l'église du monastère. On ajoute même qu'il demeurait, ces jours-là, sans prendre aucune nourriture (1) : son jeûne et sa solitude étaient donc absolus.

Comme témoin de ses prières pendant la journée, un autre lieu sur la montagne doit être ici mentionné. A quelques pas avant d'arriver au sentier qui conduit à la grotte, et sur le bord du chemin, se trouve un oratoire dans lequel on a placé depuis peu une statue de saint Germain. Cet oratoire a été bâti primitivement pour abriter une pierre horizontale, dont la surface présente une croix en creux formée de deux entailles dans le roc, et un peu plus bas, on dirait

(1) Légende.

comme trois empreintes de main sur ce
même roc. Selon quelques-uns, ces empreintes de main seraient miraculeuses.
Germain avait coutume de prier sur cette
pierre, et, comme en se prosternant, il
s'appuyait sur les deux mains pour baiser
la croix, Dieu, pour témoigner en sa faveur, aurait permis que la pierre prît et
gardât d'elle-même les empreintes de ses
mains. Quoi qu'il en soit de l'origine
de ces empreintes, la tradition et les
documents s'accordent du moins à dire
qu'elles sont, avec la petite croix et l'oratoire lui-même, un mémorial des prières
que le saint Ermite faisait à cet endroit.
D'abord, deux fois par jour, il devait y
passer : le matin, en descendant ; le soir,
en remontant. C'étaient pour lui deux occasions de s'y arrêter et d'y satisfaire sa
dévotion. Ensuite, il y venait surtout les
jours qu'il était privé, dès le matin, de la
consolation de descendre au monastère.
Aux heures où les Religieux, pendant la
journée, récitaient leurs psaumes, célé-

braient leurs Offices, Germain sortait alors de sa grotte et venait s'agenouiller sur ce roc (1). Quel tableau et quel spectacle ! De ce site élevé, le saint Ermite avait à ses pieds le Prieuré et son église ; et tandis que ses frères y priaient, y travaillaient, semblable à un autre Moyse, lui, sur la montagne, tenait ses mains et ses yeux levés vers le ciel. Naturellement, les habitants du pays ne manquaient pas de le surprendre, en passant, dans cette attitude et ces prières, puisque ce roc est au bord de la route. Représentons-nous le respect, la vénération qu'ils éprouvaient pour le saint moine, et tout ce qu'ils s'imposaient de soins, d'attentions pour ne pas le troubler dans son saint recueillement !

Le soir était venu. Germain, après les Complies, retiré dans sa grotte, y avait pris son unique et pauvre réfection quotidienne. Ne nous attendons pas à le voir chercher un peu de repos ailleurs que dans

(1) Chronicon.

cette grotte dont nous avons décrit le mauvais état et la position effrayante. Quelle demeure en tout temps, mais surtout pendant les longues et âpres nuits de l'hiver! Si, du moins, il y avait trouvé pour ses membres exténués un grabat, une sorte de lit quelconque! « Dans la dite baume ou grotte, il dormait sur le roc, enveloppé dans son cilice et couvert d'une bure grossière (1). » On se demande jusqu'à quel point il était par là défendu contre les rigueurs du froid. Encore cette couche de pierre ne le gardait pas toute la nuit. A la même heure que ses frères au monastère, il récitait le Nocturne, c'est-à-dire les prières du milieu de la nuit. Tous les moines savaient alors et pouvaient réciter de mémoire le psautier tout entier. Après le Nocturne, Germain prolongeait-il ses veilles et sa prière jusqu'au jour? Tout porte à le croire. Toujours est-il qu'aux premières lueurs de l'aube, il redescendait chaque

(1) *Mémoires.*

matin son rude sentier pour se trouver présent avec ses frères à l'Office de l'aurore (1).
Nouvelle journée qui ramenait invariable-
ment pour lui la même suite de pénitences
et de prières.

(1) C'est-à-dire à la récitation des *Laudes* ou de *Prime*.

CHAPITRE VIII

L'exemple de Germain porte ses fruits. — Sainteté de ses premiers Religieux. — Grand ascendant qu'il a sur les âmes.

UN auteur du XVIIme siècle, le Père B. Constantin, Jésuite, dans sa *Vie de Mgr Granier, Evêque de Genève*, parlant des commencements du Prieuré de Talloires, déplore l'obscurité qui s'est faite sur ce temps qui fut celui de saint Germain : « Nous y admirerions, « dit-il, une longue suite de saincts Reli- « gieux, vrais enfants de sainct Benoist et « qui sont montés après luy au ciel, par « une voye toute brillante, en belles et « divines lumières (1). » Quelques années après, Nicolas de Hauteville, dans sa

(1) Lyon, Rigaud, 1640, chap. IV, p. 15.

Maison naturelle de saint François de Sales, rend à ces religieux le même témoignage (1). « Ce monastère, dit-il, fut si « heureux, que de porter, dès son com- « mencement, des enfants dignes de leur « saint patriarche : c'était la maison du « Seigneur, dont les pierres vivantes furent « plus précieuses que la riche structure « de l'édifice matériel... » La plus bril- lante de ces pierres précieuses travaillée et façonnée par Germain lui-même, fut Ruph ou Rodolphe, son frère, cet autre lui-même, qui, dès son enfance, semblait s'être attaché à lui comme son ombre. Non seulement Ruph son successeur immédiat marcha dans toutes les voies de Germain, mais, réalisant son ancienne promesse, il voulut le suivre et l'imiter jusqu'au bout. C'est pourquoi, comme Germain, Ruph sollicita la permission de se retirer aussi dans un désert, ou plutôt, d'après certaine date, ces deux frères toujours unis dans les

(1) Paris, 1659, p. 40.

grandes décisions de leur vie, prirent encore ensemble ce grand et suprême parti
d'aller finir en solitude. Nous avons décrit
la grotte de saint Germain : la retraite où
se réfugia son frère fut beaucoup plus éloi-
gnée, plus isolée, plus austère. Ruph se
retira entre deux hautes montagnes de la
vallée de Tamié, dans ce vallon obscur,
étroit et sauvage qui porte encore son nom.
Il y vécut ermite, on ne sait combien d'années. Il y mourut, on ne sait à quelle date :
et la modeste chapelle qui abrita son tombeau a été, jusqu'au dernier siècle, un lieu
de pèlerinage très aimé des populations
d'alentour.

Les deux Prieurs Ismius et Ismidon qui
suivirent, ne furent pas moins fidèles à imiter Germain. La tradition leur a constamment conservé le titre de *Saint* et il est
hors de doute qu'ils ont autrefois reçu un
culte quelconque dans l'église du monastère. A la fin du XVIIme siècle (1), on répé-

(1) *Act. Sanct.* Ord. S. B., Sec. vi, part. Ire, p. 736.
Voir sur Ruph, Ismius et Ismidon, *Mémoires de l'Acad.
Salèsienne*, t. II.

tait encore à Talloires, qu'à l'exemple de leur premier Prieur, ils avaient, eux aussi, passé une partie de leur vie dans un lieu solitaire. Cela étant, Germain, dans sa longue vie, aurait ainsi vu ses trois premiers compagnons et successeurs, quitter comme lui la vie commune, pour habiter la solitude. Dès lors, le Prieuré de Talloires, dans ces premiers temps, présentait un aspect vraiment admirable. Tout autour, à quelque distance, semblables à des sentinelles avancées, on voyait ses premiers Religieux, retirés dans quelque grotte ou cabane isolée, d'où ils veillaient sur leurs frères, les protégeaient par leurs prières et les provoquaient par leur sainte vie à la plus haute perfection. Sous la conduite immédiate de ces maîtres, et sous l'impulsion incessante de leurs exemples, on comprend quelle devait être la ferveur et la générosité de ces moines. Aussi, le monastère eut-il bientôt le plus grand renom de sainteté, de telle sorte, dit un auteur (2),

(1) Nic. de Hauteville : *Maison naturelle*, p. 41.

« qu'il attiroit de toutes parts les gens de bien, et les plus mondains en étoient si touchés qu'ils s'y laissoient surprendre. » Quels furent et d'où vinrent ces premiers moines de Talloires? Nous ne pouvons le dire ; mais, puisque trois Religieux de Savigny seulement avaient accompagné Germain au nouveau Prieuré, il est tout naturel de penser que tous ceux qui s'adjoignirent à lui, pendant et après la fondation, appartenaient aux familles et au pays d'alentour. Pourquoi faut-il que l'éloignement et le malheur des temps nous aient dérobé jusqu'à leurs noms? En effet, de ces premiers Religieux de Talloires, disciples et contemporains de saint Germain, deux seuls noms restent connus. Ils étaient de la noble famille qui nous a donné, plus tard, notre grand Saint (1). C'est une raison de plus pour en perpétuer le souvenir. Gérard de Sales, seigneur riche et puissant, était gentilhomme ordinaire de la cour de Ro-

(1) *Pourpris historique* et *Maison naturelle de saint François de Sales.*

dolphe III, roi de Bourgogne, où il tenait
un haut rang. Ce seigneur avait deux fils :
Guichard et Girin. Girin, appelé de Dieu
à la vie religieuse, et touché des vertus qui
se pratiquaient à Talloires, prit l'habit et fit
ses vœux dans ce monastère. Gérard, qui
aimait ce fils, l'y visitait souvent. Bientôt
la paix, la sérénité de la vie du cloître le
frappèrent vivement. Le contraste était
grand avec les agitations, les rivalités ja-
louses et tous les hasards de la vie de Cour.
Gérard, peu à peu, se sentit attiré, éclairé
par la grâce, et Girin, de son côté, ne manquait pas d'ajouter ses paroles à ses exemples. La grâce et Girin triomphèrent. Alors,
continue son historien (1), « c'est merveille
« de voir Gérard quitter la Cour du roi Ro-
« dolphe, pour entrer dans la Cour du Roy
« des Roys ; il foule aux pieds la chimère
« de ses grandeurs pour embrasser l'hu-
« milité de Jésus-Christ ; il prend le cloître
« pour sa maison ; la pauvreté pour ses

(1) Nicolas de Hauteville, *Maison naturelle de saint
François de Sales*, p. 41.

« richesses ; et ce grand homme qui s'étoit
« acquis l'amour et l'estime des plus grands
« Princes, qui s'étoit rendu admirable dans
« la politique mondaine, qui avoit mérité
« tant de titres d'honneur, qui fut employé
« dans les plus secrètes et glorieuses né-
« gociations, qui possédoit avec justice les
« biens de la grâce et de la nature, de
« l'honneur et de la fortune, après une
« donation considérable de son domaine
« faite en faveur du monastère, prit enfin
« l'habit de Religieux et la simple qualité
« de *Frère Convers* (1), aimant mieux
« être serviteur dans la Maison de Dieu,
« que de régner dans les palais et les
« tabernacles des pécheurs. »

Gérard de Sales, en compagnie de son
fils Girin, vécut très pieusement au Prieuré
de Talloires où il mourut un 21 septembre.
Cinq siècles plus tard, saint François de
Sales, visitant ce monastère, témoigna hautement sa grande joie, en y trouvant des

(1) Ibid. Voir appendice § Ier le sens qu'il faut donner à
ce nom : *Frère Convers,* appliqué à Gérard de Sales...

documents faisant foi que Gérard et Girin, son fils, avaient été les disciples de saint Germain, et que tous deux avaient laissé le souvenir d'une sainte vie.

Au moment de l'entrée de Germain dans sa solitude, les sages avaient regretté, déploré sans doute la pieuse illusion de ce bon Religieux, qui ne craignait pas de priver ses confrères et le monde lui-même des précieuses lumières de son expérience, pour aller s'ensevelir vivant dans une grotte. Ces lamentations sont de tous les temps et de tous les pays. Et cependant, il est d'expérience que l'exemple et le spectacle d'une vie exceptionnellement héroïque rendent plus de gloire à Dieu, frappent et entraînent plus d'âmes que ne le fait la vue quotidienne de tout un monastère, suivant tranquillement la règle commune. Frère Germain en fut une nouvelle preuve. Du haut de sa grotte austère, sans autre empire que celui de sa sainte vie, il attira et soutint d'abord les Religieux, ses frères, à un degré de vertus, que leurs successeurs n'ont jamais pu reconquérir. En vain, de siècle en siècle, les moines de Talloires se disaient les enfants de saint Germain ; en vain, tous les souvenirs du saint Prieur étaient sous leurs yeux, le solitaire lui-même n'était plus là, pour marcher devant eux. Les beaux temps de Germain ne sont jamais revenus pour son monastère.

Non moins sanctifiante et profonde fut l'impression que produisait le spectacle de sa vie sur les populations du voisinage. Malgré la distance des temps, nous ne sommes pas absolument privés de tout témoignage à ce sujet.

Dans le naufrage des documents, il nous est resté un texte ou un projet d'épitaphe destinée à sa pierre tombale. Germain y est proclamé célèbre par ses vertus : tout le pays retentissait des louanges de sa sainteté ; par sa parole, il affermissait les bons, il adoucissait les méchants. Voilà bien l'homme de Dieu et le Saint populaire, qui, le cœur plein des miséricordes de Dieu, les verse à flots dans les âmes.

Les fidèles avaient l'église du monastère pour entendre le Saint, pour le consulter, pour se recommander à ses prières. De préférence, ils devaient surtout le visiter sur sa montagne, l'attendre sur son passage, à la porte de sa grotte, devant son oratoire. Là, l'accueil qu'ils recevaient de Germain était d'une douceur toute céleste. Personne n'est bon comme les Saints et autant que les Saints : ils le sont à la manière de Dieu lui-même (1), qui est la seule source de la vraie bonté. De là, l'attrait puissant et doux qu'ils exercent autour d'eux. Tel était Germain dans son ermitage et partout. *Doux comme un agneau.* C'est à cette parole que son épitaphe semble attacher le trait dominant de sa sainteté. Son indulgence, sa mansuétude, sa compassion étaient donc extrêmes pour les âmes affligées, troublées, tentées, pour les pécheurs, pour les désespérés qui recouraient à lui, et le nombre en était grand ; car,

____

(1) *Nemo bonus nisi solus Deus*, Luc, XVIII, 19.

toutes les misères de l'humanité ne man-
quent jamais d'accourir sur les pas des
Saints. C'est leur compagnie, leur cortège
ordinaire. D'ailleurs, pour venir en aide
aux âmes, pour leur inspirer le courage,
l'espoir, la résignation, le repentir, l'homme
de Dieu n'avait pas que ses bonnes paroles
pleines de sagesse, que ses encouragements
empreints de la plus compatissante charité.
Sa grotte, sa solitude, son oratoire, sa vie
présente, sa vie passée, tout parlait autour
de lui avec la même éloquence. En effet,
quel sujet de réflexion ! Son enfance, son
adolescence avaient été angéliques et sa
jeunesse toute pure. Dans le cloître, il
avait été le modèle du parfait Religieux. Il
avait accompli ensuite le pèlerinage des
Lieux saints, de tous, le plus méritoire et
le plus laborieux. Maintenant renfermé
dans sa grotte solitaire, il y passait son
temps dans un silence et une prière conti-
nuelle. N'importe ce passé et une telle
vie, Germain se défiant toujours de lui-
même, traitait son corps comme un ennemi

dangereux, et lui, pénitent sans péché, se condamnait à toutes les rigueurs que s'infligeaient les plus grands coupables. Vraiment, le spectacle de tant d'austérités dans une si grande innocence, était bien fait pour toucher et convertir lès âmes égarées qui entendaient le récit de sa vie et mieux encore celles plus heureuses qu'une première grâce attirait auprès de lui.

Le désert, dit saint Jérôme (1), aime ceux qui se sont dépouillés de tout. C'est la raison de la sympathie qui a toujours existé entre les Saints solitaires et les petits, les déshérités de ce monde. Incontestablement, dans sa grotte froide et nue, Germain était bien plus isolé, plus misérablement abrité que les plus pauvres, sous leur toit de chaume, et la nourriture de ceux-ci était un festin, auprès de celle qu'il s'accordait à lui-même. Librement et par choix, l'homme de Dieu avait embrassé cette vie de pau-

(1) Lettre à Héliodore. *Nudos amat eremus.*

vreté, de privations, uniquement parce qu'elle était, pour aller au ciel, la voie la plus parfaite, la plus directe et la plus sûre. Un tel exemple n'était-il pas pour le pauvre peuple l'exhortation la plus touchante ? Aussi, entendre une parole de saint Germain, seulement le voir, le rencontrer, s'approcher de lui, était pour les malheureux une consolation, un encouragement, un réconfort.

Les justes, les âmes pieuses n'avaient pas moins à gagner en approchant du saint Ermite. La pénitence et la mortification semblaient absorber toute sa vie ; mais, en réalité, la prière, l'oraison, l'union avec son Dieu en prenaient la meilleure et la plus large part. En vrai solitaire, il n'avait cherché la solitude que pour traiter et converser plus librement avec Dieu. Aussi, quand il sortait de ses longues oraisons, la piété fervente dont il était enflammé donnait à ses paroles cet accent, cette onction pénétrante qui n'appartiennent qu'aux Saints. A cette voix, prêtres, Religieux, chrétiens fidèles, tous se sentaient renouvelés dans les bons désirs, dans les résolutions généreuses, dans les saintes pratiques de l'amour de Dieu et du prochain. Au premier rang des admirateurs, des amis et des visiteurs du Saint solitaire, les auteurs de la *Vie de saint Bernard de Menthon,* placent Richard et Bernoline, père et mère de l'apôtre des Alpes. Eclairés par les événements, ces parents désolés, mais chrétiens, avaient enfin reconnu l'appel de Dieu dans cette voix intérieure qu'avait écoutée leur fils, et, dès lors, ils s'étaient inclinés et soumis.

Saint Germain, dans sa solitude et son monastère, était leur très proche voisin. Ils lui devaient une réparation. Elle fut telle, qu'ils s'abandonnèrent entièrement à sa direction. Ils le prirent pour leur confesseur ordinaire, et lorsque, pour quelque raison, ils ne pouvaient se rendre auprès de sa personne, lui-même, est-il dit, montait au château et leur tenait de salutaires discours sur l'amour de Dieu et le bon

emploi qu'ils devaient faire de leurs richesses pour le bien de leur âme. Son principal sujet était la préparation à la mort,
parce que, vu leur âge, ils ne pouvaient
plus en être éloignés. Quand vint ce moment, ce fut encore lui, ce saint Ange gardien de leur fils, qui leur administra les
sacrements et les aida à bien mourir.

Que dire enfin des infirmes, des malades
et de l'attrait qu'ils éprouvaient pour saint
Germain? A leur tour, ils ne pouvaient man-
quer de recourir à lui, et l'auteur qui nous
l'apprend nous le dit en termes touchants.
Germain, dit-il, souffrait en très grande douceur différentes infirmités corporelles, tandis
que, dans les autres, il s'empressait de les
guérir. D'où il suit que, déjà de son vivant,
les malades accouraient auprès de lui : ils
imploraient sa protection auprès de Dieu et
ils étaient soulagés (1).

Ainsi, tout caché, tout retiré qu'il fût
dans sa grotte, Germain, comme un autre

______

(1) Légende.

saint Jean, était vraiment semblable à la
cité bâtie sur la montagne. Il était vu de
loin, visité de plusieurs, connu et vénéré
de tous, et ses leçons comme ses exemples
se répétant partout, portaient autour de lui,
les plus précieux fruits de sanctification.

CHAPITRE IX

Germain passe environ 40 ans dans sa solitude. —
Ses souffrances et ses consolations pendant ses
dernières années. — Sa mort. — Son tombeau
aussitôt visité. — Un pèlerinage s'y établit.

DIEU accorda de très longs jours à
son serviteur dont rien n'avait jamais pu ébranler la constance. Pendant environ 40 ans, Germain, dans sa solitude, donna à Dieu, aux Anges et aux
hommes le spectacle de cette vie héroïque
que nous avons racontée. Les années, en
se succédant, aggravèrent considérablement toutes les conditions de sa dure existence. L'intempérie des saisons, l'âpreté des
hivers, l'ardeur de l'été, le sentier rapide
de la montagne, le séjour dans sa grotte,
tout l'éprouvait et lui coûtait de plus en
plus. Maintes fois son corps exténué avait

fléchi sous la maladie, et la vieillesse était venue avec son cortège de misères et d'infirmités.

Ajoutons à ces souffrances corporelles les peines intérieures propres à la vie de solitude, telles que la tristesse, la lassitude, la tentation de découragement, les ténèbres de l'esprit, les tourments de l'imagination. Germain avait toujours vaillamment triomphé de toutes ces épreuves. Le démon en personne l'avait même poursuivi plusieurs fois de sa haine jusqu'à le molester directement (1), ainsi qu'il en a agi à l'égard de plusieurs Saints. Germain avait tout souffert, tout supporté, sans être jamais ébranlé, jamais vaincu.

Après tant d'années de combats, de veilles et d'austérités, le moment semblait donc venu où Germain, courbé vers la tombe, pouvait enfin redescendre au monastère pour y finir ses jours au milieu de ses frères. S'il l'eût fait, qui oserait le lui reprocher?

(1) Légende.

Les Religieux, les fidèles émus de pitié sur sa vieillesse, lui en donnèrent certainement le conseil, comme ses Supérieurs ne manquèrent pas de lui en donner la liberté. Mais le Saint ne s'était pas choisi une retraite sur la montagne pour y jouir du silence, de la paix et du repos, pour y savourer les douceurs et les délices des consolations divines. Il y était monté comme à son calvaire, pour y suivre Jésus-Christ, pour souffrir, expier, mériter avec lui, pour s'y préparer par la pénitence ce vêtement de gloire et d'immortalité dont nous parle saint Paul. Qu'étaient ses privations, ses souffrances, en regard de l'offense faite à Dieu par les pécheurs, en regard de la passion de son divin Maître, et en regard de la gloire dont elles seraient couronnées dans le ciel ? Quand on en est à cette union avec Dieu, à cette habitude de crucifiement et d'immolation de soi-même, la solitude n'est plus la solitude, elle est toute remplie de la pensée et de l'amour du Sauveur, et par conséquent, la paix, la joie,

la consolation règnent au milieu même
des plus grandes épreuves ; le corps souf-
fre et succombe, mais l'âme triomphe et
jouit. C'est pourquoi Germain, malgré ses
vieux ans et toutes les infirmités de son grand
âge, voulut jusqu'au bout poursuivre sa
pénible carrière. Le parti était généreux,
magnanime. Aussi Dieu, qui est plus que
bon et toujours magnifique envers les siens,
se plut à l'en récompenser par les plus
précieuses et les plus rares faveurs. Jusque là, plusieurs fois dans sa retraite, Germain avait été soutenu, consolé, réjoui par
l'apparition de la Très Sainte Vierge, à
laquelle il avait toute confiance et dévotion (1), par celle de saint Benoît, fondateur de son Ordre, enfin, par celle de saint
Martin, patron du monastère. C'étaient là
des grâces de prédilection. Dieu y mit le
comble, en lui députant une dernière fois
les mêmes Saints pour lui révéler sa dernière heure. D'après une tradition (2), ce

(1) Légende.
(2) *Mémoires.*

message eut lieu une année avant sa mort.
On comprend la joie de Germain à cette
révélation. Toute sa vie, ce moment décisif
avait été dans sa pensée. Il avait tout dirigé, tout orienté vers ce point suprême.
Pour mieux s'y disposer, il avait quitté jusqu'à son monastère, et depuis tant d'années
qu'il s'était retiré en solitude, sa grotte lui
rappelant sans cesse son tombeau, il ne s'y
était plus occupé que de Dieu, de son âme
et de son éternité. Pour lui, comme pour
saint Paul, la mort n'était donc vraiment
qu'un gain et un bonheur. C'était la fin de
sa course, le bon combat terminé : c'était
la dissolution de son misérable corps terrestre, pour aller, avec Jésus, dans la vraie
maison de son éternité.

Ainsi averti de l'approche de son Dieu
et de son Juge, Germain entra aussitôt
dans une retraite plus profonde qui devint
absolue. Jusqu'à ce jour, chaque fois que
la saison et ses infirmités le lui avaient
permis, il n'avait jamais dérogé à son habitude, de descendre de grand matin à

l'église du monastère : il renonça, dès lors, à cette consolation. Seul retranchement et seul sacrifice resté possible dans cette existence si isolée, si dépouillée. Pendant toute une année, Germain, véritable ermite, garda donc sa solitude sans plus en sortir. Il passait, est-il dit, « de sa baume à son Oratoire pour célébrer, et de son dit Oratoire à sa baume (1). De la sorte, ce saint Vieillard, chargé de mérites et d'années, ne sortait absolument plus de son recueillement, de sa prière et de sa pénitence. Comme le bon serviteur, il attendait son Maître, prêt à partir à son premier appel. A notre très grand regret, les détails sur les derniers jours et sur la mort de Germain nous font complètement défaut. En quel endroit de la montagne mourut du moins le saint Ermite ? Nulle part il n'en est fait mention. D'où nous concluons qu'il ne mourut pas dans sa grotte. S'il eût rendu le dernier soupir dans ce creux de rocher,

(1) *Mémoires.*

le fait était si nouveau, si frappant, si
étrange, il en revenait à cette grotte un
tel honneur, un telle célébrité qu'infailliblement la tradition s'en serait emparée, et
en aurait perpétué la mémoire. Rappelons
encore l'humidité qui règne et parfois ruis-
selle sous ce roc et qui a dû y régner toujours. Jamais les Supérieurs du monastère
n'auraient permis au saint Vieillard de
passer là ses dernières heures.

Nous croyons donc que, outre son Oratoire, Germain avait encore une petite
cellule, à l'instar, d'ailleurs, de tous les
solitaires. Cette cellule attenante à l'Oratoire avait été préparée, probablement, dès
son entrée en solitude et simultanément
avec l'Oratoire, en prévision des jours et
du temps où la maladie, la vieillesse, les
infirmités rendraient impossible à Germain
le séjour de la grotte. Cela étant, après une
année d'attente, ce fut dans sa cellule que
le saint vieillard s'endormit dans le Seigneur. Ses années étaient celles d'un patriarche. Il comptait 100 ans d'âge selon

les uns (1), et 96 (2), selon les autres, ayant passé 40 ans en solitude, selon les premiers, et 34 ou 35, selon les seconds. Cette longévité, cette vie, cette mort dans un tel site, tout était d'un Père du désert. Quel spectacle que ce juste, ce patriarche, cet auguste vieillard sur sa couche funèbre dans son pauvre ermitage ! Nul doute qu'à l'annonce de cette mort, on ne soit accouru en foule pour s'édifier une dernière fois à la vue du Saint, du Solitaire aimé et vénéré de tous.

De leur côté, les Religieux de Talloires qui le perdaient eurent à se consulter, à délibérer sérieusement sur le lieu de sa sépulture. L'église du monastère semblait présenter tous les droits à devenir la gardienne de cette sainte dépouille. Elle était l'œuvre du Saint qui avait assisté lui-même à sa construction et à celle du monastère.

Il était, pour les Religieux, un Fondateur, un Père. D'ailleurs, où trouverait-il,

(1) Légende.
(2) *Mémoires.*

7

pour son tombeau, autant d'honneur, aussi
bonne garde que dans cette église, sous les
yeux de ses disciples et de ses enfants?
Toutes ces considérations étaient justes.
Mais l'usage était d'ensevelir les Solitaires
dans leur Oratoire. Ruph, son saint frère,
l'avait été dans le sien où il reposait dans le
silence de son vallon désert. Enfin, dans
son humilité et par amour de la pauvreté,
Germain lui-même avait exprimé le désir (1) de ne pas recevoir une autre sépulture ; il espérait rester là, bien isolé, oublié du monde et vu de Dieu seul. La dernière volonté du Saint l'emporta : c'est
pourquoi il fut, lui aussi, enseveli dans son
Oratoire (2).

Là où l'aile du vent laisse tomber une
bonne graine, là bientôt croît un bel arbre.
Il en est ainsi du lieu où la divine Providence fait mourir un Saint. Sur sa tombe,
on voit toujours s'élever une chapelle, un
sanctuaire, souvent une somptueuse basili-

(1) Légende.
(2) Voir appendice, § 2.

que. Ce fait se reproduisit, sur la tombe de Germain, dans les proportions que nous allons dire. Le peuple chrétien l'avait tenu pour un Saint pendant sa vie, il continua à le croire tel après sa mort. On était accouru à son Oratoire, pendant sa vie, pour demander ses encouragements et ses conseils ; on y retourna, après sa mort, pour demander ses prières et son intercession. Dieu répondit à cette foi du peuple par des grâces visibles. Ces grâces furent connues ; le concours, la confiance s'en accrurent et bientôt, l'autorité ecclésiastique approuvant, il s'établit dans l'Oratoire du Saint un vrai pèlerinage. Un demi-siècle environ après sa mort, ce culte, cette dévotion à Saint-Germain reçut la plus hante sanction possible. Le pape Eugène III ouvrit en sa faveur le trésor des indulgences (1). C'était, outre une suprême approbation, la plus puissante impulsion que pût recevoir le culte du nouveau Saint. Dès ce

(1) Voir *Etudes sur Saint Germain*, p. 142.

moment, et pendant plusieurs siècles, le pèlerinage ainsi autorisé continua tranquillement, sans arrêt, sans entrave. Il était devenu un usage, une coutume, une dévotion du pays. De bonne heure, le petit Oratoire primitif, gardien du tombeau, avait été agrandi : on ne l'appelait plus que l'Eglise ou la Chapelle de Saint-Germain (1), et, naturellement, elle était sous la dépendance du Prieuré. Les pèlerins, en la visitant, déposaient volontiers une offrande, et parfois, dans les testaments, un legs était fait à Saint-Germain. Le Religieux sacristain de Talloires avait droit à ces dons, mais, en retour, il devait veiller et pourvoir à l'entretien de la Chapelle.

Très souvent, les pèlerinages ont lieu à certains jours fixes, surtout dans les sanctuaires isolés. Celui de Saint-Germain, tout en étant de toutes saisons, avait aussi ses jours où, prenant de plus grandes proportions, il devenait un vrai concours. C'était

(1) *Etudes sur Saint Germain*, p. 144.

aux lundis de Pâques, de Pentecôte et le jour de Toussaint. Chose remarquable ! La chapelle de saint Ruph, qui gardait aussi le tombeau de ce Saint dans son vallon sauvage, était visitée ces deux mêmes lundis de Pâques et de Pentecôte. Ainsi, à quelques lieues de distance, aux mêmes jours et aux mêmes heures, on avait ce beau spectacle. On voyait les populations environnantes gravir les hauteurs où avaient vécu les deux frères, et là, en s'agenouillant sur leurs modestes tombes, en se rappelant leur belle vie. elles les invoquaient et se plaçaient sous leur sainte protection. Évidemment ce pèlerinage aux tombeaux des deux Saints solitaires ne se faisait pas aux mêmes jours, par l'effet du hasard ou du caprice.

Mais qui l'avait ainsi fixé ? A quelle époque remontait son institution ? Nous n'en savons rien.

Nous avons retrouvé avec plaisir les prières et les bénédictions toutes spéciales qui se faisaient, en faveur des pèlerins, dans la Chapelle de Saint-Germain, dans ces mêmes jours (1).

Tout d'abord, c'était du vin que l'on présentait à bénir. Les termes de la bénédiction permettent de croire que ce vin bénit était destiné aux malades, selon un usage qu'on rencontre dans d'autres sanctuaires. Les pèlerins en goûtaient aussi par pure dévotion, absolument comme nous prenons aujourd'hui, dans nos églises, chacun notre petite part du pain bénit. Une autre bénédiction était exclusivement faite à l'intention des infirmes et des malades. Les pèlerins présentaient des linges devant servir à leurs parents ou amis souffrants. Ces linges étaient bénits par le prêtre en l'honneur du Saint et on les portait ensuite aux malades avec espoir qu'ils en recevraient du soulagement.

Enfin, si les malades éloignés n'étaient pas oubliés, à plus forte raison il y avait une bénédiction spéciale sur les malades

(1) Voir la formule de ces bénédictions dans : *Etudes sur Saint Germain*, p. 268.

présents, venus parfois de loin jusqu'à ce petit sanctuaire. Tous les malades ensemble recevaient cette bénédiction. Ensuite, le prêtre, s'approchant des enfants en particulier, les touchait avec les saintes Reliques au front, sur la bouche et sur la poitrine : au premier attouchement, il priait la Sainte Trinité de les guérir ; au deuxième, de les garder ; au troisième, de les sanctifier. Que sert-il en effet de retrouver force et santé, si on ne vit pas ensuite en grâce avec Dieu? Cette dernière cérémonie semble nous dire que les malades conduits ou portés en pèlerinage au tombeau de Saint Germain étaient surtout des enfants.

Signalons encore un détail de cet ancien pèlerinage. La tombe du Saint, creusée dans le sous-sol de la Chapelle, était surmontée d'un ouvrage en maçonnerie fort simple, qui s'élevait un peu au-dessus du sol (1). C'était là, autour de ce modeste

(1) Le tombeau de saint Ruph présentait la même forme. Ils étaient appelés l'un et l'autre du nom de Var : Var de Saint-Germain, Var de Saint-Ruph.

tombeau, que l'on s'agenouillait, et, chose touchante, pour se faire plus suppliants et ajouter la pénitence à l'humilité, les pèlerins faisaient sur leurs genoux le tour du tombeau pendant leur prière. On ne monte pas autrement la *Scala santa* à Rome. Cette pratique si édifiante était aussi la coutume reçue dans la Chapelle de Saint-Germain et elle s'y est conservée jusqu'à la Révolution française.

Que le concours du peuple chrétien à la Chapelle de notre Saint fut très nombreux et très édifiant dans ces trois jours de fêtes, nous en avons pour garant saint François de Sales lui-même qui, dans cette même Chapelle, au cours de la cérémonie que nous allons décrire, proclama hautement, à la louange du Saint, que en vain le pays, depuis des siècles, avait été maintes fois affligé, désolé par la guerre, la peste, la famine, jamais le peuple des États de Savoye et du Genevois, ainsi que bon nombre d'étrangers, n'avaient laissé de monter à cette Chapelle à ces trois jours (1).

(1) *Mémoires.*

CHAPITRE X

Saint François de Sales élève saint Germain sur
l'autel. — Description de la cérémonie. — Choix
que le saint Evêque fait de cet ermitage pour s'y
retirer lui-même.

PLUS de cinq siècles s'étaient écoulés
depuis la mort de Germain et notre
Saint jouissait dans sa Chapelle de
la vénération populaire, du culte public
que nous venons de décrire. Comment, dès
lors, n'avait-on pas encore demandé que
son saint corps fût tiré de son tombeau pour
être honoré sur les autels ? Rien ne lui
manquait pour recevoir cet accroissement
de culte et d'honneur religieux qu'on appelait : l'élévation ou l'exaltation d'un
Saint. Cette cérémonie était comme une
Canonisation provisoire faite par l'évêque,
en attendant la Canonisation définitive par

le Souverain Pontife : c'était la Béatification du temps. A la distance où nous sommes, nous n'avons plus les données nécessaires pour apprécier sûrement ce qui nous semble avoir été un manque de zèle, une insouciance à l'égard du culte de saint Germain : mais nous savons le relâchement déplorable dans lequel étaient tombés les Religieux de Talloires. Ils n'étaient plus les dignes enfants, les fidèles imitateurs des vertus de saint Germain. Dès la fin du XIVme siècle, leur monastère ayant été mis en commende, cette funeste pratique y avait produit ses plus mauvais fruits, et une réforme sérieuse était devenue urgente, nécessaire, désirée de tous. Telle dut être la cause de cette station si prolongée des Reliques de saint Germain dans leur premier tombeau. Il était réservé à un autre Saint, à saint François de Sales lui-même, de réaliser et la réforme du monastère, et l'exaltation du saint Prieur. Double bonne œuvre qui fut son souci, sa préoccupation constante dès le début de son épiscopat.

C'est que saint Germain, le pèlerinage et
la dévotion à sa Chapelle étaient pour le
saint Evêque un souvenir d'enfance. A
Thorens, à Annecy, souvent il en avait
entendu les récits, et on conçoit que la vie
du saint Solitaire avait dû fortement parler
à sa foi et à sa piété précoce. N'avait-il pas
fait lui-même le pieux pèlerinage dans son
jeune âge? A tout le moins, il s'en était
certainement donné le plaisir, à son retour
de Padoue, alors qu'il passa une année
tout entière, au château de la Thuile, d'où
il avait, devant ses yeux, sur la montagne,
la grotte et la Chapelle du Saint : car elles
dominent, toutes les deux, Talloires et la
vallée. Cette dévotion à saint Germain
que François de Sales tenait de sa famille,
de son pays et de ses propres souvenirs, ne
put que grandir, par suite des rapports
intimes du jeune Prévôt avec son évêque,
Mgr de Granier. Ce pieux prélat, précédem-
ment Prieur commendataire de Talloires
et y résidant, n'avait consenti à échanger
ce prieuré contre l'évêché de Genève, qu'a-

près avoir constaté son impuissance à en obtenir la réforme. Mais sur son siège épiscopal, il gardait de saint Germain un souvenir si bon, si reconnaissant « que son dessein « estoit de se retirer dans son hermitage « pour y finir ses jours à l'imitation du « grand saint Basile, qui se retira aux dé- « serts pour rendre l'esprit et la vie, là où « il avait acquis l'esprit de saincteté et de « grâce (1). » De même, le vénérable prélat, sous le poids de sa charge au monastère, avait autrefois goûté tant de confort et de consolations près du tombeau de son saint prédécesseur, il l'avait visité, prié toujours avec tant de profit pour son âme, qu'il pensait à ce lieu si saint, si recueilli, pour s'y préparer à la mort. Nous verrons saint François de Sales reprendre ce même projet pour lui-même, projet tout aussi illusoire ; car les deux évêques devaient mourir à la peine, sur le champ de bataille, et non dans le repos et la solitude.

(1) *Vie de Mgr de Granier*, p. 225.

Saint François de Sales, ayant succédé
à Mgr de Granier, porta bientôt sa sollicitude sur les monastères compris dans son
diocèse. En 1607, il se rendit à Talloires.
Son but, en cette première visite, était de
préparer et d'acheminer les esprits à la réforme. Un peu plus tard, y étant retourné
dans l'intérêt de la même cause, il consa-
cra cette fois, et très intentionnellement,
une bonne partie du jour, à l'examen de
la Chapelle de Saint-Germain. « Il se ré-
« solut, dit son biographe (2), d'aller ve-
« nerer le sépulchre du bienheureux Ger-
« main, et de voir s'il estoit entretenu
« comme il le méritoit. Partant il monta
« sur cette béniste montagne, fist sa prière
« au pied du tombeau miraculeux, et, con-
« templant fort soigneusement la place, il
« exhorta Monsieur le Supérieur de Tha-
« loyre qui le suivoit, de réparer la petite
« église, de préparer l'autel, afin d'y loger
« les vénérables cendres du Sainct et d'y

(2) Le P. Louys de la Rivière, p. 292.

« construire une maisonnette... » Saint
François de Sales, dans cette visite au tombeau de saint Germain, donna libre cours
à sa piété et il montra bien quelle était sa
dévotion envers le saint Ermite : car il
parut, déposa plus tard le Prieur Cl.-L.-
Nicolas de Quoëx qui était présent, le
visage tout rayonnant, tandis qu'il priait
dans la chapelle. Le saint Evêque, au dire
du même Père qui était son ami, faisait chaque année une apparition au Prieuré de
Talloires qu'il avait réformé : « Chaque
année, dit-il, il daignait nous réjouir de sa
présence. » Puisqu'il avait de tels projets
sur saint Germain et qu'il avait donné les
ordres que nous avons dits, il est bien probable que saint François, dans ces visites
si fréquentes au monastère, aura plus d'une
fois repris le chemin de l'ermitage.

Enfin, l'an 1621, la Chapelle du Saint
étant réparée, tous les apprêts de la cérémonie étant achevés, le Père de Quoëx,
Prieur, au nom de l'Abbé de Savigny, dont
dépendait le monastère, et au nom des Re-

ligieux, supplia le saint Évêque d'accomplir la translation désirée. C'était aller audevant de ses vœux les plus chers : saint François en fixa la cérémonie au 28 octobre. Tous ses biographes ont décrit avec une sensible complaisance cette journée du 28 octobre 1621 : elle est, en effet, un des plus gracieux épisodes de sa vie : tant ce bon Saint montra, ce jour-là, de candeur, de simplicité, de naïf abandon dans ses paroles, dans ses actions, dans toute sa personne. Donc, dès le matin, le saint Évêque gravit la montagne accompagné de son frère Jean-François de Sales, évêque de Chalcédoine et son coadjuteur. Une grande foule composée de Religieux, de Prêtres et de fidèles l'y attendait. Nous avons décrit le tombeau de saint Germain, tombeau modeste et primitif qui était resté dans sa simplicité première. Ce fut vers ce tombeau antique et vénérable que les deux prélats se dirigèrent d'abord, à leur entrée dans la Chapelle. Il s'agissait d'en faire l'ouverture : saint François en donna

le signal. A peine sous ces pierres soule-
vées, dans cette tombe ouverte aperçut-il
la châsse des saintes Reliques, que ce
saint Evêque entra dans un recueillement
extraordinaire. Toute l'assistance en fut
profondément touchée. Jamais, depuis la
mort de saint Germain, pèlerin aussi pieux
n'avait prié sur ces dalles. Absorbé dans
ses pensées, les yeux de son âme plus que
ceux de son corps fixés sur le saint dépôt, saint François demeurait immobile et
comme ravi en Dieu. Il persista dans cette
attitude de respect et de recueillement
intérieur pendant un temps fort long, c'est-
à-dire pendant toute la cérémonie de la
consécration du nouvel autel qui était destiné à recevoir les saintes Reliques. Saint
François n'avait pas voulu faire lui-même
cette consécration, il en avait cédé l'honneur à son frère, qu'il voyait avec le plus
grand plaisir exercer à sa place les fonc-
tions épiscopales. Mais, l'autel étant consacré, saint François, sans sortir de son recueillement, ouvrit lui-même le cercueil ou

la châsse des saintes Reliques. Le moment
était venu de les en retirer. Le respect si
humble, le soin si pieux avec lequel le
saint Évêque touchait aux ossements de cet
autre Saint fit la plus grande impression.
Chacun désirait voir ces précieuses Reliques. Le saint Evêque eut la gracieuse attention de les montrer à tout le peuple,
mais l'on ne se contenta pas de les voir à
distance, on voulut s'en approcher, les vénérer de près, et saint François, avec sa
bonté de père, se prêtant à tous les désirs,
recevait les chapelets qu'on lui tendait, il
les faisait toucher aux Reliques du Saint
et les rendait à chacun. Ces pieux objets
passant par ses mains pour arriver jusqu'aux Reliques de saint Germain, en revenaient bénits par l'attouchement de deux
Saints. Après avoir ainsi contenté la dévotion de tous, saint François rangea très
dévotement le précieux dépôt dans la nouvelle châsse « *parée de soie.* » Il n'en
garda que quelques ossements pour les
exposer à la vénération des pèlerins.

La nouvelle châsse soigneusement fermée devait être désormais placée sous la table de l'autel. Avant de l'y déposer, saint François voulut rendre à ces dépouilles vénérées tout l'honneur convenable. L'Eglise, en certains jours, célèbre des processions splendides qui sont comme des marches triomphales à la gloire des Saints. Le saint Evêque n'estima pas les Reliques de saint Germain indignes d'un tel honneur. Mais, à une telle cérémonie, cette cime de rocher ne se prêtait guère : on y manquait de tout, surtout d'espace. N'importe : les deux évêques, vêtus pontificalement, firent de leurs propres bras le char de triomphe des saintes Reliques et ils les portèrent processionnellement autour de la Chapelle. La foule les suivait en chantant, en priant, et saint François, sous son doux fardeau, versait des larmes de joie. Son cœur était tout en fête. Les saintes Reliques de saint Germain recevant les honneurs du triomphe entre les bras de saint François de Sales ! Le saint Ermite ne s'était jamais vu, se verra-t-il jamais sur un plus beau trône ?

Le saint Evêque, rentré dans la Chapelle avec son trésor, le déposa enfin, selon les prescriptions liturgiques, dans l'intérieur de l'autel. « Après quoy, il fit au peuple une très fervente exhortation. » Naturellement, saint Germain, ses vertus et son culte furent le sujet qu'il traita. Son esprit, son cœur en étaient si pénétrés qu'il y revint encore, le même jour, quelques heures plus tard, dans l'église du monastère. Suivons encore le saint Prélat après la cérémonie. Il n'avait pas fini de manifester l'attrait, l'affection qu'il éprouvait pour ce dévot ermitage. Nous citons ses premiers biogragraphes : « Pour lors, le ciel estoit en-
« tièrement couvert de nües épaisses, noi-
« res et blafardes, et, selon l'observation
« de tous les habitants de ces lieux-là, on
« attendoit de grandes pluyes, voire même
« il commençoit des-ja à pleuvoir ; mais le
« saint Evesque ayant levé les yeux au
« ciel : Non, — dit-il, Dieu nous fera la

« grâce qu'il ne pleuvra point ; et, tout
« aussitost, il se fist une grande séré-
« nité... Or, il admiroit la beauté de cet
« hermitage, et, parmy les louanges qu'il
« en faisoit, il ne put pas s'abtenir de dé-
« couvrir son âme (1).

« Appelant à part M. Dequoëx, Prieur
« de la reforme au monastère de Thaloyre,
« il lui dict : Je suis resolu de venir de-
« meurer icy, et je crois que nous y servi-
« rons Dieu et les ames, pendant que
« nostre tres-cher frere et coadjuteur aura
« le soing de ce pauvre Diocese ; il ne le
« trouvera pas mauvais : car, puisque Dieu
« nous l'a donné pour coadjuteur, n'est-il
« pas raisonnable que nous lui laissions en
« partie la charge des affaires. — A la
« mienne volonté que cela fust, repartit le
« sieur Dequoëx, et que j'eusse le bon-heur
« de vous veoir ici en repos, au moins aurois-
« je le contentement de venir de là bas,

(1) *Histoire du B. Fr. de Sales,* par Charles-Auguste
de Sales, tome II, p. 225.

« ça haut tous les jours, recevoir votre
« saincte benediction. — Croyez, respondit
« ce digne Prélat, que je vous parle à bon
« escient, et que si Son Altesse ne me
« divertit point (ne s'y oppose pas), cela
« est arresté qu'il nous faut venir ici de-
« meurer : et mettant la teste à la fenestre
« du costé de Annessy : O Dieu ! dit-il,
« que ne sommes-nous pour ne plus partir
« de ce lieu, voicy une retraite toute pro-
« pre à bien servir Dieu avec nostre
« plume ; sçavez-vous, notre Père Prieur,
« les conceptions descendroient et pleu-
« vroient dru et menu, ainsy que les neiges
« y tombent en hyver (1).

« Après disner, il descendit à pied de la
« montagne, quoy qu'il eust la commodité
« d'un cheval, et, aussi tost qu'il fut ar-
« rivé au monastere, sans prendre près
« que point de loisir de se reposer ; il monta
« en chaire dans l'eglise paroissiale, et fit
« au peuple une tres-belle prédication des

(1) *Vie du Saint,* par le P. de la Rivière, p. 294.

« louanges du glorieux sainct Germain, de
« l'honneur et de la veneration qu'on doit
« aux Saincts, de la façon avec laquelle les
« serviteurs de Dieu estoient canonizés en
« la primitive Eglise, des statuts et decrets
« qui ont esté faicts depuis par l'Eglise, et
« enfin du spécial honneur qui estoit deu
« à sainct Germain (1).

« Voilà comment un Sainct travailla
« pour un Sainct, comme un Sainct trans-
« porta les os d'un Sainct en un lieu plus
« sainct, et comme un grand Sainct loua
« sainctement un autre grand Sainct (2). »
Nous venons de surprendre saint François de Sales s'abandonnant à un projet
bien innocent. Nos projets d'avenir, y
compris ceux des Saints, ont beau se
borner à des choses simples, bonnes, excellentes en soi ; s'ils ne sont pas ratifiés et
voulus de Dieu, n'en espérons pas la réa-
lisation. Ils restent et ne seront jamais que

(1) *Vie du Saint*, par Ch.-Auguste de Sales, tome II,
p. 226.
(2) *Vie du Saint*, par le P. de la Rivière, p. 293.

de beaux rêves. Ainsi en fut-il du pieux dessein de saint François de Sales. Toutefois, s'il ne lui fut pas donné de revoir de son vivant la solitude qui l'avait tant charmé, Dieu lui permit d'y reparaître le troisième jour après sa mort. Ce fait merveilleux est pour la Chapelle, l'autel, les Reliques de saint Germain, un souvenir si beau, si honorable, que nous devons religieusement le conserver. Pour le faire avec tout le respect possible, reproduisons le récit du P. de la Rivière qui alla (1), sur les lieux mêmes, très peu de temps après l'évènement, pour en apprendre et en recueillir les détails.

« Pour conclusion, donnons place, dit
« cet auteur, à ce qui arriva à M. le Reve-
« rend Nicolas Dequoëx, vicaire general
« du Prioré de Nostre-Dame de Thaloyre,
« homme d'honneur et d'entière renommée,
« qualifié en doctrine et piété. Au bruit
« qui courut de la dangereuse maladie de
« nostre bon Evesque, les Religieux du

(1) *Vie du Saint*, p. 677.

« Couvent de Thaloyre, à cause de la sin-
« cere affection qu'ils lui portoient, estoient
« sur le point d'instituer les Quarante
« Heures, et d'exposer le tres-auguste Sa-
« crement en évidence, à fin de convier le
« peuple à prier pour sa santé. Cependant,
« le susdit Vicaire monta à l'hermitage de
« sainct Germain avec intention d'y cele-
« brer la Messe, et de n'oublier pas la
« griefve infirmité de celuy, qui veritable-
« ment l'aymoit d'un amour paternel. Il
« se prépare, il s'habille, il monte à l'autel,
« commence et poursuit le tres-adorable
« sacrifice du Corps et du Sang du Fils de
« Dieu. Après avoir chanté la Préface, il
« vient au *Memento*, et voulant recom-
« mander à Nostre Seigneur les neces-
« sités du grand François de Sales, inopi-
« nément il aperçeut tout l'Autel illustré
« d'une admirable clarté, et au-dessus,
« justement à l'endroit du milieu de l'autel,
« vis à vis de soy, il vid cet intime amy de
« Dieu, tout glorieux, tout luysant, tout
» seraphique, tout debout, comme dans

« une niche de soleil, dardant ça et là, à
« droite et à gauche, quantité de rayons
« estincellans au possible ; il avoit un
« rochet plus blanc que neige, plissé à
« menus plis, si artistement et si délicate-
« ment que rien plus ; de son col jusqu'aux
« genoux pendoit de droit fil une estole à
« fonds d'or et d'argent, rehaussée plus
« plein que vuide de diamants, de rubis,
« d'esmeraudes, d'escarboucles et de fines
« pierres orientales, qui faisoient une des
« belles, riches et ravissantes monstres
« que jamais œil mortel eut admiré en ce
« monde ; il avait ses cheveux ainsi que
« des fils d'or, esparpillés autour de sa
« teste, moderément frisez, ondoyans et
« flottans quasi jusques sur les espaules,
« son visage estoit serain, jovial et pacifi-
« que, temperé d'un agreable meslange et
« de candeur yvoirine, et de candeur pour-
« prine : ses yeux sembloient deux astres
« benins, tantost il les eslevoit vers le Ciel,
« tantost il les abaissoit devers l'Autel :
« soudain que le prestre vid ce merveilleux

« object, espris et surpris tout ensemble
« d'aise, d'esbahissement et d'une indici-
« ble consolation, qui luy tira abondance
« de larmes, il perdit force et vigueur, et
« se laissant tomber sur ses coudes (ce que
« remarquerent les assistans), il r'appella
« le mieux qu'il peut ses esprits ; et, au
« lieu de prier pour ce bien-heureux Eves-
« que, il fut subitement et presque imper-
« ceptiblement induit par un mouvement
« intérieur à le prier pour soy et à dire
« cette Antienne que l'Eglise chante à la
« feste des Confesseurs Pontifes, *Sacerdos*
« *et Pontifex et virtutum opifex, pastor*
« *bone in populo, ora pro nobis Domi-*
« *num*, laquelle ayant achevé, la vision
« disparut et cecy luy arriva avant qu'il
« eust reçeu nouvelles de la mort de ce
« grand serviteur de Dieu, l'an mil six
« cents vingt-deux, le trente-unième de
« décembre, jour dédié à l'honneur de saint
« Sylvestre, selon que luy-mesme me l'a
« raconté. Retourné qu'il fut à son monas-
« tere, il dit à ses Religieux qu'il n'estoit

« point besoing de faire oraison pour Mgr de
« Genève, d'autant qu'il estoit mort et
« bienheureux. »

A ce récit on ne peut plus net et cir-
constancié, le P. de la Rivière ajoute aussitôt : « Il y a maintenant un an que je fus
« à Thaloyre et au lieu où se fit cette no-
« table apparition (la chapelle de Saint-
« Germain), j'entretins longuement ce Re-
« verend Père, et luy fis divers interrogats
« touchant sa vision : ce que j'ay remarqué
« d'excellent, c'est qu'elle luy est demeurée
« vivement imprimée en l'imagination,
« qu'elle luy revient coutumierement au
« temps des Offices divins, et tant s'en
« faut qu'elle luy donne des distractions,
« elle luy recollige son interieur, délasse
« son cœur, et luy cause une particulière
« attention en recitant son breviaire. »

CHAPITRE XI

Mémoire de la Translation précédente. — Nouvelle fête en l'honneur de saint Germain. — Les pèlerins jusqu'à la Révolution française. — Miracles et grâces obtenues.

'ÉLÉVATION des Reliques de saint Germain n'avait pas été une simple fête de dévotion, accidentellement célébrée dans la Chapelle de son ermitage. De mémoire d'homme, semblable cérémonie ne s'était jamais vue dans le pays. Ajoutons que saint François de Sales n'avait pas, dans son diocèse, déféré le même honneur aux Reliques des autres serviteurs de Dieu qui reposaient encore dans leurs premiers tombeaux. Cette préférence, cette place à part, exceptionnelle, faite à saint Germain, jointe à l'autorité, au crédit souverain qui s'attachaient à tous les actes épiscopaux du grand Évêque attira puissamment l'attention sur saint Germain et sur ses Reliques. Saint François avait mis un si grand intérêt, déployé un si grand zèle à rehausser, à raviver le culte de ce Saint ! Pendant la cérémonie de l'exaltation, il avait éprouvé tant de consolation, montré tant de foi et de piété ! Evidemment cette antique et immémoriale dévotion à saint Germain n'était pas seulement légitime et louable, elle devait être, toujours et plus que jamais, chère et précieuse à tous les fidèles. A son exemple, il fallait honorer saint Germain et recourir à lui avec confiance. La cérémonie du 28 octobre signifiait, disait éloquemment toutes ces choses et chacun l'interprétait ainsi. La mort du saint Évêque qui suivit de près, loin de détourner les esprits du souvenir du saint Ermite, servit bien plutôt à le leur rappeler. Ne savait-on pas qu'un des derniers actes de l'épiscopat de saint François avait eu pour objet d'honorer saint Germain, et que tout son bonheur, si Dieu l'eût permis, eût été de passer le reste de ses jours dans l'ermitage et près du tombeau de ce saint Religieux, pour y vivre lui-même dans la solitude, la prière et le travail? Il n'y avait donc plus à regretter la longue attente que les Reliques du Saint avaient subie dans son tombeau. Jamais dans le passé leur translation n'eût été aussi éclatante. Cet hommage leur étant enfin rendu par saint François de Sales empruntait à la science, à la sainteté de ce grand Évêque un sens, une portée, une valeur supérieure. En attendant le jugement suprême de l'Église, c'était un grand Saint et un futur Docteur de l'Église qui ratifiait le sentiment, le vœu populaire, et qui proclamait lui-même la sainteté de saint Germain.

Un tel acte, dans les traditions et les usages de l'Église, ne demeure jamais un fait isolé, on en fait toujours la mémoire. Les deux évêques ne manquèrent pas d'y pourvoir, le jour même de la cérémonie. Ils engagèrent d'abord le Père de Quoëx à rédiger une mention de la Translation, laquelle mention serait insérée et lue désormais dans le martyrologe du monastère. Le

Père Prieur obéit avec joie. On a retrouvé son travail qui a quelque étendue. On y lit les principaux traits de la Vie de saint Germain et en dernier lieu la mémoire de sa translation. De 1622 à 1792, chaque année, cette page du martyrologe a été chantée, le 27 octobre, au monastère de Talloires (1). C'était une préparation à la fête du lendemain. Le 28 octobre 1621, l'évêque Jean François de Sales consécrateur de l'autel avait en effet accordé l'indulgence ordinaire à qui visiterait désormais la Chapelle, au jour anniversaire de cette consécration. Cette invitation ne fut pas oubliée. Saint François de Sales avait lui-même recommandé, avec une si pieuse insistance, d'invoquer et d'honorer saint Germain !

Les années suivantes, au 28 octobre,

(1) Pour perpétuer la mémoire de cette Translation, on plaça de plus, contre la muraille et à côté du tombeau d'où l'on avait retiré la Sainte Relique, un *Écriteau* de la même teneur à peu près que la mention insérée dans le martyrologe. Nous en donnons la copie aux pièces justificatives, § 3.

Religieux et fidèles reprirent fidèlement le chemin de l'ermitage, et ainsi, de par la volonté des deux évêques, aux trois anciens jours de concours dans la Chapelle, il s'en ajouta dès lors un quatrième. Cette nouvelle fête prit bientôt parmi le peuple un nom qu'elle porte encore aujourd'hui. On l'appela la fête de Saint-Germain. On y disait en effet une *messe propre* de la translation sans oublier les bénédictions que nous avons vu usitées aux autres jours de dévotion.

A la faveur de toutes ces circonstances, la dévotion et le pèlerinage à Saint-Germain reprirent naturellement un nouvel essor, et les Religieux de Talloires, qui étaient alors dans toute la ferveur de la réforme, s'appliquaient de leur mieux à en soutenir, à en accroître l'élan. Les abords de la Chapelle étaient restés abruts, pénibles : ils les rendirent plus doux, plus faciles. La Chapelle, l'autel surtout, devenu le Reliquaire de Saint-Germain, réclamait un décor et des soins particuliers : tout fut mis et entretenu dans un état convenable. Les Religieux, par dévotion ou à la prière des fidèles, y montaient fréquemment pour y offrir le saint Sacrifice. C'était trop peu. Pour l'honneur du Saint et le service des pèlerins, on désirait à l'ermitage un prêtre résidant et célébrant chaque jour devant les saintes Reliques. Ce vœu bien légitime fut exaucé et la Chapelle devint un Prieuré rural desservi par deux Religieux y faisant résidence. Le premier moine honoré de cette garde auprès du saint tombeau fut le Père Cl. L. Nicolas de Quoëx lui-même, qui y vécut jusqu'à une extrême vieillesse. Le choix ne pouvait pas être plus heureux. Ce Religieux, intime ami de saint François de Sales, avait été son aide et son confident dans tout ce que le saint Évêque avait fait à l'ermitage pour l'honneur du Saint : personne ne pouvait donc avec plus d'autorité et à meilleur titre y remplir ses intentions, y continuer son œuvre.

Cependant cette petite église ou chapelle de Saint-Germain dont nous avons jusqu'ici suivi l'histoire, était enfin arrivée au dernier degré de caducité. Comme elle était d'ailleurs insuffisante dans les jours de grand concours, en 1663, les Religieux de Talloires la rebâtirent à nouveau dans des proportions plus grandes. Cette ancienne chapelle humble, modeste, ne dépassant pas la mesure d'un grand oratoire, avait vécu plus de cinq siècles. La nouvelle ne devait pas durer autant : comme tant d'autres, elle devait tomber à l'époque de la Révolution française. Mais jusque-là, c'est-à-dire pendant les XVIIe et XVIIIe siècles, semblables à ces rivières qui coulent d'un flot toujours égal, parce qu'elles sont alimentées par de bonnes sources, les pèlerinages à Saint-Germain, tels que les avait rajeunis et encouragés saint François de Sales, suivirent constamment leur cours régulier et tranquille. La confiance, la dévotion au Saint restaient toujours les mêmes, c'est-à-dire populaires et incontestées.

Du reste, il faut en convenir, si nos pères aimaient les pèlerinages, l'esprit chrétien de ces temps avait su leur donner tout l'intérêt, tout l'attrait désirable. Non seulement dans l'intérieur du Sanctuaire, mais au dehors et tout autour dans le voisinage, tout ce qui était souvenir du Saint qu'on allait vénérer, tout ce qui parlait de lui, de sa vie, de ses œuvres, était religieusement conservé et mis en relief aux yeux du pèlerin. Les abords du sanctuaire, la route elle-même, par laquelle il arrivait, en lui ménageant de pieuses et agréables surprises, le préparait, le disposait le mieux possible. Telle était la Chapelle de Saint-Germain et son avenue. Il est bon de le consigner ici pour mémoire. Voici ce que la foi de nos pères avait fait de ce chemin par lui-même déjà si pittoresque et si attachant.

Quatre oratoires, à la manière de stations, étaient échelonnés sur cette pente rapide, avant d'atteindre à la hauteur de la Grotte du Saint. Le premier était dédié à la Très-Sainte Vierge et se trouvait, au bas de la montée, au point de jonction des deux routes qui viennent l'une de Talloires et l'autre de

Menthon. Cet oratoire avait reçu le nom de : *Notre-Dame du bon Rencontre* (1). Heureuse et douce pensée que celle de faire accueillir le pèlerin par la Reine de tous les Saints, dès le seuil de son pèlerinage ! Lorsque la paroisse de Talloires montait à la Chapelle, arrivée devant cet Oratoire, la procession s'arrêtait et saluait Notre-Dame du Bon-Rencontre, par le chant du *Regina cœli*. Le pèlerin isolé la saluait, par l'invocation que lui inspirait son cœur. Après quoi, d'un pas plus lent, il commençait son ascension. Dès cette première station, la pente, en effet, s'accentue, la route s'élève dominant le lac d'Annecy, l'intérêt croît à chaque instant.

A mi-chemin à peu près, se présentait le second Oratoire. Il était assis sur le bord d'un petit cours d'eau, ruisseau d'habitude, torrent par exception, qui, se précipitant de très haut, se brise sur les rochers et

(1) Le P. Poiré, dans sa : *Triple Couronne de Marie*, tom. II p. 140, cite une : Notre-Dame de bonne Rencontre près d'Agen. Ce vocable est rare.

vient traverser la route. Ce second Oratoire était en l'honneur de sainte Cathe-
rine (d'Alexandrie). Pourquoi cet Oratoire,
pourquoi une telle Sainte, sur le bord de
la route, en cet endroit désert? Cet Oratoire rappelait-il quelque fait mémorable?
Etait-il un souvenir du pèlerinage de saint
Germain en Orient? Nous ne savons. Le
pèlerin saluait la célèbre martyre, et se
demandait, sans doute, quel rapport, sinon
quelle ressemblance, il pouvait y avoir
entre la jeune, brillante, savante fille des
Rois et le pauvre, le pénitent solitaire,
saint Germain.

Le troisième Oratoire se rencontrait
beaucoup plus haut. Il était à ce point où.
faisant un grand effort pour gravir les dernières pentes, la route commence à se tor-
dre comme un serpent entre le roc et le
gouffre. Cet Oratoire fort modeste n'était
qu'une simple niche dans le roc, avec une
statue de saint Martin (1). Un souvenir de

(1) En 1793, cette statue fut l'objet d'une profanation
horrible, bientôt suivie d'une juste punition. Voir appendice, § 4.

ce Saint était là bien naturel. Saint Martin était le Patron des deux monastères de Savigny et de Talloires. Dès lors, saint Germain l'avait eu en vénération toute sa vie. De plus, il en avait fait le protecteur spécial de sa solitude et il y avait reçu de lui, nous l'avons vu, des faveurs signalées. N'était-ce point même saint Germain qui déjà avait placé une statue de son saint Patron, à ce point culminant d'où il semblait protéger le Prieuré, et où, lui Germain, pouvait le vénérer chaque jour en passant? Toutes ces réflexions se présentaient d'elles-mêmes à la vue de cet Oratoire.

La route, disions-nous, à partir de là, décrit une courbe hardie pour s'élancer vers le sommet. C'est à la rentrée de cette courbe que le regard épouvanté plonge dans cet abîme effrayant appelé, on ne sait pourquoi : le Saut du Moine. Il en est peu qui osent, debout sur l'extrême bord, braver le vertige que donne ce gouffre profond, béant sous leurs pieds. Générale-

ment on s'écarte et on passe. A quelques
pas plus haut, le pèlerin bientôt revenu de
cette impression reposait ses regards sur
le quatrième et dernier Oratoire qui subsiste encore aujourd'hui. Cet Oratoire, dit :
de Saint-Germain, était de tous le plus
intéressant. Nous l'avons décrit plus haut (1).
Par curiosité, le pèlerin s'approchait de cet
humble monument qui était de niveau avec
la route ; puis, bientôt édifié, frappé par
ces pieux souvenirs, par ces empreintes de
mains et cette figure de croix tracées sur
le roc, il se · mettait lui-même à genoux. Après saint Germain, il aimait à
prier sur cette pierre, et, se prosternant,
il baisait, comme lui, dévotement la croix.

De cet Oratoire au sentier qui conduit à
la grotte, il n'y a pas loin. La grotte de
Saint-Germain ! C'était, après l'autel où se
vénéraient ses Reliques, le premier intérêt, la grande curiosité du pèlerinage. On
s'en entretenait dans toutes les familles !

(1) Chap. VII, p. 69, 70.

Tous ceux qui avaient fait le pèlerinage
mentionnaient et décrivaient cette grotte.
Il fallait la voir, du reste, pour avoir une
idée des mérites et des vertus de saint
Germain. Donc, le pèlerin, apercevant sur
le bord de la route le sentier de la grotte,
ordinairement s'y rendait tout d'abord. Il
avait beau s'attendre, après les récits qu'il
avait entendus, à un spectacle imposant, à
une impression profonde. La réalité dé-
passait son attente. A la vue de cette solitude, de ce rocher nu, de ce gîte étroit,
vrai nid d'aigle suspendu sûr l'abîme, il se
sentait pris d'un étonnement, d'une stupé-
faction mêlée d'épouvante. Quelle habitation ! Quelle demeure ! Et le saint Vieillard passait là de longues heures, de longues
nuits à prier, à se mortifier, à faire pénitence ! A ce souvenir, à ce spectacle, le
pèlerin chrétien ne pouvait pas moins faire
que de rentrer en soi-même et de penser à
sa propre vie, à ses propres fautes si peu
senties, si peu expiées. Honteux, confus,
vaincu par sa propre conscience, ce chré-

tien tombait à genoux. Une antique statue de saint Germain était là, de temps immémorial, dans une niche pratiquée dans le roc. Il suppliait le Saint de bien bon cœur de lui obtenir de Dieu le regret et le pardon de ses fautes.

Telle était, généralement, l'impression profonde et salutaire que produisait et que produira toujours sur un chrétien sérieux une première visite à cette grotte. Sous cette impression, le pèlerin grave et recueilli reprenait sa route et arrivait à la Chapelle. Tout était simple et modeste dans ce petit sanctuaire isolé sur la montagne, et le saint Solitaire en était tout l'intérêt et tout l'ornement. Ses Reliques saintes étaient dans l'intérieur de l'autel, à la place où les avaient déposées saint François de Sales. C'était là que les pèlerins lui présentaient leurs vœux et leurs demandes. Dans la nef, tout près de la Table sainte, son tombeau avait été conservé dans sa forme primitive. Les pèlerins ne manquaient pas de s'y agenouiller et nous avons dit comment, en esprit de pénitence et d'humilité, ils faisaient à genoux le tour de ce tombeau. C'était même toujours autour de ce tombeau que l'on se groupait pour entendre la sainte Messe et la plupart des miraculés recevaient à cette place la grâce de leur soulagement ou de leur guérison. Enfin, bien que sans nul éclat, cette petite Chapelle offrait cependant, aux yeux des pèlerins, la plus riche des parures. Comme une infinité de sanctuaires, elle était belle de sa couronne *d'ex-voto*, témoignages et souvenirs de grâces obtenues. Les heureux, les forts, les joyeux ne vont pas en pèlerinage. On y voit les malheureux, ceux qui sont dans l'épreuve, dans les craintes, dans la peine, la souffrance. A ceux-là, il faut des signes extérieurs, des preuves sensibles de la bonté et de la miséricorde divine, parce qu'ils ont grand besoin d'espoir et de confiance. Les *ex-voto* de toute forme qui tombent sous leurs yeux les portent puissamment à cet espoir. La tradition raconte que ces *ex-*

voto étaient très nombreux dans la Chapelle de notre Saint. Leur nombre et celui des pèlerins toujours fidèles étaient une preuve irrécusable des grâces signalées, évidentes, miraculeuses même qu'on avait obtenues et qu'on obtenait encore par l'intercession de saint Germain.

Un pèlerinage est essentiellement une prière et une pénitence. Toute prière faite selon l'esprit et au nom de Jésus-Christ est toujours exaucée ; mais Dieu n'y répond pas toujours selon nos désirs bornés et imparfaits ; il connaît mieux que nous notre véritable bien. Ordinairement, la grâce accordée est toute intérieure et spirituelle. C'est un secours à l'âme, un accroissement de foi, de force, de charité, de patience, etc. D'autres fois, cette grâce est à la vérité dans l'ordre des biens temporels, mais Dieu la veut et la tient secrète, cachée, toute personnelle. Enfin, dans l'intérêt de sa gloire, pour la consolation des siens, pour la confusion des méchants, pour l'honneur de ses Saints, pour récompenser

une grande foi, Dieu veut aussi, quelquefois, se montrer au grand jour. Il répond
alors à la prière du pèlerin par une grâce
publique, éclatante, ordinairement par une
guérison. C'est la grâce la plus demandée.
L'histoire de tous les lieux de pèlerinage
est faite en grande partie du récit de
ces guérisons retentissantes. Or, pour
revenir à notre Saint, rien n'est mieux
attesté dans son histoire. Sa Chapelle avait
été, dans tous les temps, et elle était
toujours témoin de ces guérisons et de
ces grâces. Tous nos documents le répè-
tent. Saint François de Sales et, pos-
térieurement, les auteurs qui ont parlé
de saint Germain, mentionnent tous le
grand nombre de grâces obtenues par son
intercession. C'est un grand regret et une
grande lacune que l'ignorance où nous
sommes de cette longue suite de secours
et de grâces accordées aux malheureux,
dans la Chapelle de notre Saint, dès l'époque de sa mort. Tout absolument est tombé
dans l'oubli et il ne reste écrits que quel-

ques faits relativement modernes consignés dans la *Vie de saint Germain*, publiée en 1857 (1). Pour les préserver du même sort, nous reproduisons, nous-même, à la fin de ce travail (2), deux de ces grâces merveilleuses.

(1) *Vie de saint Germain*, par l'abbé Pinget, p. 81.
(2) Voir appendice § 5.

CHAPITRE XII (1).

Les Reliques de saint Germain demeurent cachées
pendant la Révolution et sont heureusement
conservées. — Elles sont d'abord exposées dans
l'église de Talloires. — Enfin on les reporte solen-
nellement dans leur Chapelle, sur la montagne.
— L'ancien pèlerinage reprend son cours.

Nous sommes en 1793, année de si-
nistre mémoire, dont il est inutile
de rappeler les honteux exploits.
La Chapelle de Saint-Germain étant isolée,
pauvre, dépourvue de tout ce qui pouvait
tenter la cupidité, semblait à l'abri de toute
profanation, mais elle avait un Saint et des
Reliques à outrager. Après les rapines et
les spoliations, c'était bien là, pour les fer-

(1) Nous omettons dans ce chapitre beaucoup de détails
peu intéressants pour le commun des lecteurs. Ces parti-
cularités locales se trouvent dans la *Vie du Saint*, par
M. Pinget, et dans les *Etudes sur saint Germain*.

vents patriotes, un plaisir des plus exquis,
une jouissance des plus recherchées. Ils
montèrent donc plusieurs fois à la Chapelle dans cette coupable intention. Vain
espoir ! Les Reliques du Saint avaient disparu, elles ne se retrouvaient pas, et l'on
avait beau interroger, on ne surprenait
nulle part le moindre mot révélateur. De
fait, (1) « personne ne savait ce que ces
« Reliques étaient devenues. » Evidemment,
elles avaient été mises en lieu sûr, mais
par qui et en quel endroit ? C'était le secret
de Dieu et de ceux qui les avaient cachées.
Cependant les mois, les années s'écou-
laient et le même mystère planait toujours
sur ces Reliques. Ne seraient-elles point
définitivement perdues ? Les moines les
avaient-ils emportées dans leur fuite en
Italie ? Ou bien celui qui les avait enlevées
et cachées n'était-il point mort, emportant
son secret ? On se faisait avec inquiétude
toutes ces questions. Des ouvriers trouvè-

(1) *Vie du Saint*, par M. Pinget, p. 63.

rent un jour la réponse. L'acquéreur de la
Chapelle vendue comme bien national, n'entendait pas la conserver sous cette forme.
Dès lors, selon ses intérêts, il en faisait
prendre les matériaux, tels que bois, pierres, etc., pour les utiliser ailleurs. Au besoin, il en vendait à qui lui en faisait la
demande. Ce fut à l'occasion d'une de ces
démolitions que se fit l'heureuse découverte. « Un jour, dit l'auteur de la vie
« du Saint (1), un particulier de Talloires
« (Nicolas Grillon, encore aujourd'hui vi-
« vant et l'un des témoins assermentés de
« l'authenticité des Reliques), travaillait
« avec quelques autres pour détacher la
« pierre de taille d'une fenêtre et d'une
« porte ainsi achetées. Son ouvrage fini, il
« a la pensée, sans savoir pourquoi ni
« comment, d'aller piquer la muraille der-
« rière la place du grand autel qui avait
« déjà disparu. Rien ne pouvait lui donner
« le moindre soupçon : cependant, il

(1) Ibid., p. 64.

« frappe, il frappe encore, puis la muraille
« se perce : il aperçoit, au fond d'une ca-
« vité qui paraît pratiquée à dessein, quel-
« que chose qu'il en retire. C'était une
« caisse ou cassette toute vernie en noir.
« Au-dessus étaient ces mots : *Ossa beati*
« *Germani,* ossements de saint Germain.
« Il ouvre la boîte, un peu de poussière
« s'en détache ; puis il y voit réellement
« des ossements humains. Transporté de
« joie, il ferme cette boîte avec soin, ap-
« pelle ses compagnons sur lesquels il
« croit pouvoir compter : on prend la boîte
« et on la porte avec beaucoup de respect
« dans le four du Prieuré... (1)

« Il est indubitable qu'on ne doit qu'aux
« Religieux de Talloires et au dernier
« Prieur de saint Germain d'avoir ainsi
« caché, avant leur départ, ce dépôt vé-

(1) Nicolas Grillon, que nous avons nous-même inter-
rogé sur ce fait, n'en savait pas la date, l'année précise.
Ce fait a dû se passer autour de 1797. « J'étais encore tout
jeune », disait ce vieillard... En effet, il était né en 1784 :
il faut bien lui donner au moins 13 ans lors de l'évènement.

« néré, pour le soustraire à la barbarie de
« la Révolution... »

La découverte en soi était heureuse, elle
dissipait les craintes et les doutes, mais
elle était prématurée. Les deux églises de
Talloires, étant fermées, ne pouvaient pas
recevoir ces Reliques. D'ailleurs, replacées
dans une église, elles eussent couru les
mêmes dangers qu'en 1793. C'est pourquoi,
leur conservation étant bien constatée, la
divine Providence les fit rentrer provisoirement dans l'ombre.

Au moment de l'heureuse découverte,
le fils de l'acquéreur de la Chapelle se
trouvait présent. Intervenant comme propriétaire, ce fut lui qui prit la cassette et
la porta dans le four du Prieuré, c'est-à-
dire de la petite habitation contiguë. Cette
revendication déplut aux ouvriers et deux
d'entre eux — Louis Adam et Nicolas Grillon — revinrent nuitamment retirer la
cassette, que Louis Adam cacha soigneusement dans sa famille à Talloires.

Tandis que ces saintes Reliques seront

fidèlement gardées dans cette maison, revenons aux ruines de la Chapelle, dans laquelle elles avaient été honorées pendant si longtemps. La Révolution avait bien pu proscrire les moines gardiens du tombeau de saint Germain, elle avait bien pu, en répandant la terreur, interrompre le culte de ses Reliques momentanément cachées, elle n'avait pu ni effacer le passé, ni faire désespérer de l'avenir. Aussi, à peine la paix fut-elle rendue à l'Église, que les ascensions à l'ermitage de saint Germain recommencèrent. Les pèlerins, on le comprend, n'étaient plus la foule des temps passés. On savait les saintes Reliques absentes, disparues de la Chapelle et la Chapelle elle-même dévastée, sans toiture, ne présentant plus que quelques lambeaux de murs, n'était plus un sanctuaire. On n'y était pas même à l'abri. N'importe, la foi des pèlerins savait rendre la vie à ces ruines ; elles étaient toujours pour eux le lieu béni où le Saint avait reposé, où on l'avait prié pendant plusieurs siècles : ils

pouvaient toujours s'agenouiller à l'endroit
où avait été son tombeau. Mais ce que les
pèlerins retrouvaient toujours dans le même
état et sans changement aucun, c'était cet
autre tombeau du Saint pendant sa vie,
c'est-à-dire la grotte où il avait passé tant
de nuits dans la prière et la pénitence. Là,
du moins, c'étaient toujours les mêmes souvenirs, les mêmes leçons, les mêmes impressions. Cette persistance à recourir à
saint Germain, quand même et dans des
conditions si défavorables, témoignait évidemment en faveur d'une confiance en lui
profondément enracinée : aussi cette confiance continuait à plaire à Dieu et la
source des grâces coulait, comme auparavant, dans ce lieu, quoiqu'il fût dépouillé
de ses saintes Reliques (1).

Nous avons vu le trésor de ces saintes
Reliques mis en lieu sûr dans une famille.
Plus d'un quart de siècle s'était écoulé dès
lors. Ce précieux dépôt, tout d'abord tenu

(1) Voir appendice § 6... le récit d'une guérison obtenue
à cette époque.

très soigneusement caché, puis, peu à peu,
connu des parents, aurait dû, ce semble,
sortir beaucoup plus tôt de cette seconde
retraite, puisque depuis très longtemps le
culte et les autels étaient rétablis. En tout
évènement, la Providence a ses vues qui
souvent nous échappent. C'est ainsi que
nous ne savons pourquoi, le dépositaire
des Reliques de saint Germain les garda
dans sa maison jusqu'en 1826, année qui
ramenait le grand Jubilé. Ce fut probablement à cette occasion qu'elles furent re-
mises au Curé de la paroisse. Le vénérable
pasteur ne pouvait pas, de son autorité, les
exposer dans son église de Talloires ; il les
déposa provisoirement dans l'endroit de la
sacristie le plus convenable. C'était un premier pas sur la route de l'ermitage, leur
ancienne et première demeure. Mais comment espérer leur retour dans une chapelle
qui n'était plus qu'une ruine ? La même
année, à la même époque, le 29 mai 1826,
un étranger, un pèlerin qui n'avait aucune
attache particulière à saint Germain, leva

en un instant ce premier obstacle. Le fait mérite d'être conservé.

Un saint missionnaire français (1), M. l'abbé Perret, était de passage à Annecy, se dirigeant vers Rome. Il vit Mgr de Thiollaz. L'évêque, frappé de sa science et de son esprit apostolique, le pria de prêcher dans sa ville épiscopale, les exercices du grand Jubilé qui allaient commencer. Le Missionnaire accepta et sa parole puissante eut un succès dont on s'est longtemps souvenu. A Annecy, il ouït parler de saint Germain, personnage pour lui absolument inconnu. Son histoire l'intéressa. Aussi, les exercices terminés, par manière de délassement, il voulut aller lui-même sur les lieux. Il se rendit donc à Talloires, et de là à l'ermitage. L'abandon dans lequel il trouva cette solitude si belle et si sainte le toucha profondément. Déjà les ronces et les épines avaient envahi l'intérieur et couvraient

(1) M. l'abbé Joseph Perret, était domicilié à Arinthod (Jura).

les restes de la Chapelle. Tout le passé et tant de beaux souvenirs allaient-ils donc disparaître pour toujours ? Sous cette impression, le fervent Missionnaire redescendit promptement et partit aussitôt pour Ugines, où résidait la propriétaire des ruines. Le débat ne fut pas long. A l'instant, cette personne lui vendit la Chapelle, la maison du Prieuré et leurs dépendances. Sur quoi, le nouvel acquéreur, tout heureux de sa bonne œuvre, continua sa route pour l'Italie, se disant que plus tard il reviendrait lui donner suite. En effet, dès qu'il en eut la liberté, le saint prêtre reparut à l'ermitage. On savait déjà que son retour serait le signal de la reconstruction de la Chapelle. A peine eut-il formulé son intention, lancé son premier appel, que des secours lui arrivèrent de toutes parts. On vit bien alors que des années déjà longues n'avaient rien ôté à la vivacité des regrets, à la profondeur des souvenirs. Tandis que les plus aisés contribuaient de leur bourse à l'œuvre commune, les villageois apportaient des matériaux, des denrées et les pauvres prêtaient leurs bras, leur travail personnel. Ainsi secondé, le zélé Missionnaire vit promptement une nouvelle chapelle reprendre exactement la place de sa devancière et le 4 juin 1829, il eut la joie bien méritée d'assister à sa bénédiction et à une Messe solennelle, qui fut célébrée en présence d'un nombreux clergé venu des paroisses environnantes (1). Honneur à ce saint prêtre ! Son nom resté dans la mémoire du peuple appartient désormais à l'histoire du culte de saint Germain. Il est certain que son dévouement, son initiative contribuèrent puissamment au retour des saintes Reliques sur la montagne. Relevée par ses soins, la Chapelle était là, debout, qui les réclamait. Toutefois, les lui rendre immédiatement n'était pas encore possible. La sagesse et les convenances ne le per-

(1) Cette première messe fut célébrée par le vénéré P. Mermier, de pieuse et sainte mémoire, fondateur et premier supérieur des Missionnaires de Saint-François de Sales d'Annecy.

mettaient pas. Dans une telle solitude, il
leur fallait, comme autrefois, un prêtre résidant chargé de leur garde : tout manquait
pour l'y installer. C'est pourquoi Mgr de
Thiollaz, après avoir dûment constaté l'iden-
tité, l'authenticité des Reliques, les exposa
provisoirement à la vénération publique
dans une chapelle de l'église paroissiale de
Talloires (1). La cérémonie fut touchante :
c'était pour ces précieuses Reliques un jour
de résurrection. En effet, la génération
présente ne les connaissait plus que par les
récits des anciens. Que de fois les enfants
avaient entendu leurs parents parler de
l'ancienne chapelle, du pèlerinage, de la
soustraction providentielle des Reliques,
etc., etc. Ce passé revenait, allait recom-
mencer. Du moins les Reliques du Saint
sortaient enfin de leur longue captivité.
Reprenant leur place sur les autels, on
pourrait de nouveau les y vénérer. Sous
cette pieuse et agréable impression, la pro-

(1) Cette cérémonie eut lieu le 23 octobre 1831.

cession où l'on porta ces saintes Reliques devint pour elles un solennel triomphe. Dans la foule qui leur faisait cortège se trouvaient encore plusieurs vieillards, entre autres le vieil évêque, qui les avaient autrefois visitées et honorées dans leur Chapelle de l'ermitage. Pour ceux qui se souvenaient des impiétés, des blasphèmes, des destructions commises en 93, ce retour, cette réapparition des Reliques était une joie profonde et beaucoup plus sentie. Autre détail de cette cérémonie. Il était naturel que la procession se dirigeât vers l'ancienne église du monastère, bâtie sous les yeux et par les soins de saint Germain, il y avait 800 ans. Il avait tant prié et vécu si longtemps dans ce sanctuaire! Quel spectacle! Le monastère était désert, et, de son église antique et vénérable, il ne restait que des débris et des ruines. La châsse, au chant des Cantiques, longea ces ruines. Des chants sur des ruines! C'est que le saint Ermite survivait à toutes les destructions, aux ravages du temps, comme aux persécutions des impies. Son corps pénitent, sanctifié par les veilles et les jeûnes, était toujours là, honoré, vénéré. Ce corps saint avait été une protection dans le passé, il le serait encore dans l'avenir. Ces pensées qui se présentaient d'elles-mêmes étaient dans tous les esprits et y faisaient une impression profonde.

Cette journée réparatrice replaça bien les saintes Reliques dans la Maison de Dieu en une place convenable. Toutefois l'église de Talloires n'en était pas moins pour elles un lieu de refuge et d'exil. A quand leur retour dans l'ancienne Chapelle de l'ermitage relevée à cette intention ? Cette autre translation réclamée par toutes les convenances ne se fit attendre que peu d'années. Le restaurateur de la Chapelle, le zélé M. Perret, espérant la faciliter, commença lui-même, dans l'ancien prieuré de l'ermitage, une petite communauté Religieuse. Vu les temps et les lieux, il tentait l'impossible ; il le comprit bientôt. Dès lors, le seul moyen d'avoir à l'ermitage un prêtre à demeure fixe, était d'ériger la nouvelle Chapelle en église paroissiale. Mgr Rey accéda à cette demande, et, tout étant prêt, il fixa au 29 octobre 1838 la translation définitive des saintes Reliques dans leur ancienne Chapelle devenue église paroissiale. Il en était temps : de station en station leur exil avait duré plus de 40 ans.

Cette seconde solennité, qui n'était que le complément de la précédente, fut aussi présidée par l'Evêque du diocèse, orateur puissant qui en fit vivement ressortir le sens et les leçons. Le moment venu, on vit donc la châsse du Saint sortir de l'église de Talloires, triomphalement portée par les dignitaires du clergé. Malgré son grand âge, Mgr Rey venait après, marchant à pieds, un flambeau dans la main. Toute une foule suivait la châsse et l'Evêque. Cette fois le cortège prit le rude chemin de l'ermitage, chemin bien connu de saint Germain ; pendant si longtemps il l'avait gravi tous les soirs pour regagner sa grotte.

Il ne se doutait guère alors que ce chemin rocailleux, très souvent pour lui voie douloureuse, serait un jour sa voie triomphale. On s'entretenait de ces vieux souvenirs, tout en alternant les chants et les prières, et on atteignit enfin la Chapelle. La nouvelle paroisse en fête était là tout entière qui attendait et qui reçut son Saint avec un bonheur inexprimable. Dès le 28 octobre 1621, jamais si grande foule, jamais semblable concours de prêtres et de fidèles n'avait été vu sur cette montagne. De fait, l'analogie entre les deux fêtes était frappante. En 1621, les saintes Reliques étaient sorties de la nuit du tombeau pour être vénérées sur l'autel. En 1838, elles sortaient aussi d'autres catacombes pour reprendre leur place dans le même temple. L'éloquent Evêque, dans son allocution, ne manqua pas d'insister sur ce rapprochement. Comme saint François de Sales, il exalta grandement les vertus de saint Germain, et engagea vivement son peuple à persévérer dans sa dévotion.

On comprend que cette restauration des
Reliques de saint Germain dans leur antique demeure fit sensation et grand bruit
dans le pays. Le pèlerinage immémorial
reprit bientôt son cours, et Dieu ne tarda
pas à glorifier son Saint, en répondant
par des grâces insignes aux prières de ses
nouveaux pèlerins (1).

Ainsi repris ce pèlerinage à saint Germain, s'est continué et il se continue. Seulement, un changement dans les jours de
visite s'est imposé. On se souvient que,
dans le passé, on montait en foule à l'ermitage les lundis de Pâques et de Pentecôte surtout. Ces deux fêtes, avec plusieurs
autres, ayant été supprimées par Indult
apostolique, en 1853, les fidèles ont fait,
dès lors, cette ascension le dimanche même
de la Pentecôte, seul jour où il y ait vraiment concours d'étrangers. Les paroisses
voisines fournissent naturellement la très
grande majorité de ces pèlerins. Il n'est

(1) Voir appendice § 7.

pas rare cependant, qu'il en vienne de
localités relativement éloignées. Beaucoup
plus nombreux sont ceux qui, dans le cours
de l'année, visitent isolément cette église
et les grâces qu'ils demandent sont de
toutes sortes. Santé, succès, grâce de pré-
servation, de persévérance, de conversion,
grâces pour soi et pour les siens, on demande tout à Dieu avec confiance, quand,
après une pénible marche, on se trouve
agenouillé dans ce sanctuaire isolé, silen-
cieux, si riche en souvenirs. Mais là, comme
ailleurs, le pèlerin que l'on voit communément devant cette sainte châsse, c'est le
petit, le pauvre, l'humble habitant des
campagnes. Souvent c'est un père, une
mère partie de son village, portant dans
ses bras un enfant chétif ou infirme. Ce
spectacle est touchant et prouve bien que
la Bonté de Dieu veille sur les plus petits
de ses enfants. Le riche atteint ou menacé
de quelque mal dispose de toutes les res-
sources, de tous les progrès, de toutes les
inventions de la médecine, et il en est de

précieuses. Pour lui, que de souffrances épargnées ! Que de douleurs atténuées ! Le pauvre, le villageois dans les champs n'a pas ces secours. Aussi délaissé par les hommes, s'il est chrétien, il s'adresse au Médecin du ciel, il prie, il fait une promesse, un vœu à quelque Saint, il se rend en pèlerinage à un sanctuaire, à un tombeau vénéré, et Dieu lui-même, sans passer par les hommes, se plait à le secourir. Il peut, il est vrai, prolonger encore sa souffrance et son épreuve ; mais ne lui fait-il pas une plus grande grâce en lui accordant la paix, l'espérance et la résignation chrétienne ? Revenons à saint Germain.

CHAPITRE XIII

Vœux unanimes en faveur d'une extension plus
grande du culte de saint Germain.   Reconnaissance et approbation de ce culte par la sacrée
Congrégation des Rites et par le pape Léon XIII.
— Nouveau motif de confiance en la protection de
saint Germain.

OUS avons vu les Reliques de saint
Germain triomphalement réinté-
grées dans la chapelle de l'ermitage après leur exil. Là, notre Saint recevait de nouveau, comme autrefois, ses dévots, ses pèlerins, et, pour mieux se prêter
au pèlerinage, la Chapelle elle-même avait
pris des proportions et reçu des embellisse-
ments qui l'avaient transformée. Les abords,
les alentours de l'ermitage, la route de la
montagne, tout était amélioré. N'importe,
la foi, la dévotion des fidèles n'était pas
satisfaite. Les anciens us n'étaient pas

totalement rétablis : il restait des lacunes
et des vœux à remplir. Anciennement des
messes propres et votives se disaient en
l'honneur de saint Germain dans sa Chapelle, en présence et à la demande des pèlerins. Des cérémonies et des prières spéciales s'y faisaient aussi pour eux. C'était
un grand attrait pour le pèlerinage. Chaque
année, au 28 octobre, on y fêtait solennelle-
ment l'anniversaire de la translation des
saintes Reliques faite par saint François
de Sales. Le lendemain 29, c'était l'église
du monastère à Talloires qui célébrait à
son tour l'office et la fête du saint Prieur.
Ce culte, ces cérémonies, ces fêtes en
l'honneur de saint Germain, supprimées
par la Révolution, n'étaient plus qu'un
souvenir. On les regrettait, on en désirait
le retour. Ou plutôt, se disait-on, n'est-il
pas grand temps de continuer et d'achever
ce qu'avait si bien commencé saint François
de Sales? Au lieu d'un culte de saint Germain simplement local, restreint à sa seule
église, ce qui est maintenant désirable, ce

qu'il faut désormais, c'est le culte, la fête
de ce saint célébrée dans toutes les églises
du diocèse, comme on le pratique pour les
autres Saints de Savoie. Ce vœu si naturel
et si légitime était universel, il était le vœu
de tous, prêtres et fidèles qui l'exprimaient
hautement en toutes occasions. Mais le
Souverain Pontife seul peut autoriser une
telle extension du culte public en l'honneur
d'un Saint. C'est pourquoi les Évêques
d'Annecy, non moins désireux de procurer
à saint Germain un plus haut degré de
gloire et, à leurs ouailles, cette nouvelle
source de grâces, attendaient le moment
propice pour solliciter cette faveur. Tous,
à leur manière, travaillèrent à ce pieux
dessein, et préparèrent les voies à sa réali-
sation. Il était réservé au zèle, à l'activité,
à la piété de Monseigneur Isoard de l'obtenir. A cette fin, Monseigneur eut tout d'a-
bord à établir péremptoirement que le culte
rendu à saint Germain était vraiment immémorial. Une large enquête juridique
ordonnée par Sa Grandeur, au commence-

ment de l'année 1883, le prouva abondamment, surabondamment, et Monseigneur ne put que prononcer un jugement favorable. Ce n'était encore là qu'un premier jugement, celui de l'Ordinaire. Le volumineux dossier fut immédiatement transmis à la Sacrée Congrégation des Rites qui, après tous les examens et tous les débats de rigueur en ces matières, rendit enfin son décret d'approbation le 9 avril 1889, et ce décret fut confirmé par le pape Léon XIII le 9 mai suivant (1).

C'est ainsi que le saint Prieur, le saint Ermite, saint Germain de Talloires, a enfin conquis une place autorisée parmi les Bienheureux honorés et vénérés dans notre pays. Jusqu'ici nos pères, avant comme après saint François de Sales, et le grand Evêque lui-même, nous avaient donné l'exemple de la grande confiance que nous devons mettre en saint Germain. Aujourd'hui, c'est l'Eglise elle-même, c'est le Pasteur Suprê-

(1) Voir appendice, § 8.

me, le Souverain-Pontife qui nous invite à lui adresser non seulement la prière secrète, la prière privée. la prière en famille, mais la prière solennelle et publique, la prière dans nos temples et nos solennités. Dès ce jour, saint Germain sera connu et invoqué dans toutes nos églises. Ce culte rendu à notre Saint franchira-t-il plus tard les limites de notre diocèse, pour s'étendre plus loin ? C'est le secret de Dieu. En attendant, il nous est montré, il nous est donné, à nous, comme notre intercesseur devant Dieu, en compagnie des saint Bernard de Menthon, des saint Guérin, des saint Jean d'Espagne et autres Saints de la Savoie qui sont tout spécialement nos amis et nos défenseurs dans le ciel.

Bénissons Dieu de cette nouvelle grâce et remercions-le de nous donner un nouveau protecteur. Mais un Saint est plus qu'un secours, un protecteur devant Dieu, il est encore pour nous un guide, un maître, un modèle. « Soyez mes imitateurs, écrit saint Paul aux Corinthiens, comme je le suis moi-même de Jésus-Christ. » Or, quelle riche moisson de saintes pensées, de vérités fortes et salutaires n'avons-nous pas à cueillir dans la vie de saint Germain ? Dès ses premiers jusqu'à ses derniers jours, en lui tout est leçon, tout est lumière et il n'est personne, quel que soit son âge, sa condition, sa vocation, qui ne trouve en lui des exemples, des vertus à imiter. Tout petit enfant, il étonne, il ravit par sa piété, par un amour de la prière et des pauvres qui n'est pas de son âge. Grand sujet de réflexion pour les familles chrétiennes. Jeune homme, il paraît au milieu de ses égaux comme un lys au milieu des épines. Sa pureté, son innocence gardée par le travail et la fuite du monde sont le plus bel exemple offert à la jeunesse. Dans le monastère, il est le type achevé du saint Religieux : dépouillement total, observance parfaite, patience inaltérable, dévouement absolu, efforts incessants pour arriver à la perfection, toutes les vertus du cloître resplendissent en son humble personne. Il se fait

pèlerin à Jérusalem où il n'a qu'un but :
mieux connaître et mieux imiter la passion
de Jésus-Christ. Enfin, et c'est ici que ses
exemples éveillent dans la conscience de
tous indistinctement les plus sérieuses, les
plus pressantes réflexions. En effet, à la
vue de sa grotte et des privations qu'il s'y
impose, comment ne pas sentir et ne pas
se reprocher l'oubli dans lequel on vit, le
peu de souci que l'on prend de son âme,
de son salut, de son éternité ? Qui se souvient de ses péchés pour les réparer, pour
les expier, pour en faire pénitence ?

On se dit et on se croit chrétien, et l'on
ignore, l'on dédaigne les maximes, les
exemples, les préceptes et les conseils de
Notre-Seigneur Jésus-Christ. Humilité,
mortification, renoncements, fuite des occasions : vertus surannées, vertus trop coû-
teuses. On ne songe qu'à soi, à son corps,
au bien-être, à la vie présente. Qui se prépare sérieusement à la mort ? Et comment
y arriver tranquille, quand on suit aveu-
glément la foule, quand on n'a jamais cher-

ché, ni goûté que les joies, les délicatesses et les plaisirs du monde ?

Oh ! que saint Germain, vrai disciple de Jésus-Christ et de Jésus-Christ crucifié, a été plus sage, plus éclairé, plus généreux ! Puissent tous ceux qui liront sa vie, qui visiteront sa grotte, ses saintes Reliques, prêter l'oreille à ses leçons, les méditer sérieusement et apprendre, à son exemple, à fuir les dangers du monde, à tout souffrir, tout sacrifier pour ne pas offenser Dieu et perdre leur âme.

FIN

PRIÈRES.

Pour une neuvaine ou un triduum en l'honneur de saint Germain, on peut réciter les prières suivantes :

Notre Père, qui êtes aux Cieux.....

Je vous salue, Marie.....

Priez pour nous, saint Germain,

Afin que nous soyons dignes des promesses de Jésus-Christ.

O Dieu, qui avez voulu que le Bienheureux Germain, votre confesseur, brillât dans la solitude par une grande austérité de vie, faites, par votre grâce, que dépouillés, comme lui, de toute affection terrestre, nous ne soupirions plus que vers les biens célestes, et accordez-nous par son intercession d'être délivrés de tous les maux et de l'âme et du corps. Nous vous en prions par les mérites de Jésus-Christ votre fils.

Ainsi soit-il.

Prière pour demander la guérison ou le soulagement des malades.

O Dieu tout puissant, éternel salut des croyants, nous implorons votre miséricorde en faveur de N...... Exaucez notre prière, afin qu'ayant recouvré la santé par l'intercession du Bienheureux Germain votre confesseur, (il) *ou* (elle) vous en rende dans votre église de dignes actions de grâces. Nous vous en prions par les mérites de Jésus-Christ votre fils. Ainsi soit-il.

(Missel Romain.)

AUTRE PRIÈRE.

O Dieu toujours sage et miséricordieux dans le partage de vos dons, soyez béni d'avoir fait choix de notre pays pour y glorifier saint Germain votre confesseur ! En le faisant vivre et mourir, près de nous, dans cet ermitage qui est sous nos yeux, qu'avez-vous voulu, sinon par sa sainte vie et ses grands exemples, nous réveiller, nous ranimer, nous exciter sans cesse ? A votre appel, pour vous obéir et vous suivre, saint Germain a quitté richesses, honneurs, parents, patrie. O mon Dieu! entre vous et mon âme, n'y a-t-il point d'empêchements, point d'obstacles ? A l'exemple de saint Germain, que faut-il quitter, écarter, rejetter loin de moi pour vous appartenir et vous plaire? Parlez, Seigneur, votre serviteur écoute. Saint Germain, venez à mon secours.

O vous, grand Saint, non seulement vous avez tout quitté pour sauver votre âme, mais, en vrai disciple de la croix, vous vous êtes vaincu et immolé vous-même tout le long de votre vie. Jeûnes, veilles, mortifications, pénitences, prières, telles ont été vos armes, vos pratiques journalières jusqu'à votre dernière heure. Oh! que nous sommes loin de cette générosité, de ce courage ! Nous languissons, nous tombons, nous nous perdons par notre lâcheté, notre sensualité, notre mollesse. Saint Germain, obtenez-nous la grâce de triompher désormais de nous-même et de notre redoutable faiblesse.

Et pourquoi, ô vénérable vieillard, vous isoler, vous réduire dans cette grotte austère fermée à tous les bruits, à tous les soucis, à toutes les préoccupations du monde ? Là, vous passiez de longues heures, dans le plus profond silence, seul avec Dieu seul, cœur à cœur avec Notre-Seigneur, la sainte Vierge et les Saints. O sainte retraite, saints colloques de l'âme avec son Dieu, combien vous nous êtes nécessaires, dans le monde, au milieu du tourbillon qui nous emporte ! Saint Germain, si nous ne pouvons pas vous suivre jusqu'au désert, au moins apprenez-nous à nous recueillir, à nous retirer souvent dans l'intime de nous-mêmes, en la sainte présence de Dieu, pour y revoir, y redresser, y renouveler notre âme. O bon Jésus ! c'est au pied de votre croix et dans vos plaies sacrées, c'est au pied de vos autels que nous trouvons cette solitude, ce repos, ce refuge salutaire pour notre âme.

Par votre infinie miséricorde, attirez-nous
et enchaînez-nous pour jamais à votre
divin Cœur par cette sainte pratique. Saint
Germain, nous vous en prions, obtenez-
nous toutes ces grâces.

Ainsi soit-il.

APPENDICE

§ 1

« On voit, dit Nicolas de Hauteville, de
« très anciens titres dans les Obituaires
« et Cartulaires de ce lieu (le Prieuré de
« Talloires), où, après qu'il est parlé de
« Gerard de Sales, on remarque ces deux
« mots en gros caractère : GER., CON.
« qui signifient : Gerard, Convers, dont la
« mémoire est marquée l'onzième des ka-
« lendes du mois d'octobre, et ses qualités
« mises avec éloges. »

Les moines de Talloires et Nicolas d'Hauteville avaient raison de traduire les deux
abréviations citées par : Gérard Convers,
d'autant plus qu'ils les entendaient ainsi
d'après la tradition et les anciens. Mais

ces moines pourraient bien avoir pris le change sur ce nom de : *Convers* qu'ils entendaient dans le sens absolument moderne du mot et qui ne conviendrait pas à Gérard de Sales. Dans les anciens monastères Bénédictins, les Religieux faisant profession après plus ou moins d'années passées dans le monde étaient qualifiés du nom de : *Conversi, Convers, Convertis,* par opposition à ceux qui avaient été offerts à l'Eglise et élevés dans le monastère et auxquels on donnait le nom de : *Oblats, Oblati, Nutritii.* Cela admis, Gérard, venant du monde et entrant tard au monastère, était vraiment un *Conversus,* et nous aurions ainsi le vrai sens de ce qualificatif qui suivait son nom dans les vieux titres de Talloires. Cette interprétation est d'autant plus fondée que, selon les auteurs experts en ces matières, les Religieux nommés aujourd'hui : *Frères Convers, Frères Lais, Laici* n'ont été institués et ainsi nommés que dans le cours du XIme siècle. On les trouve dans les Ordres de plus stricte observance qui s'établirent, à cette époque, à Camaldoli, à Vallombreuse, à

Citeaux. Les anciens Bénédictins ne tardè-
dèrent pas à les adopter, mais en leur
donnant un rang très inférieur : ils ne vi-
rent d'abord en eux que des serviteurs et
non des Religieux. Cette situation n'a
jamais pu être celle de Gérard de Sales.
Il faut donc croire que ce grand seigneur
n'a pas été un Frère lai ou Frère convers
dans le sens actuel de ce mot.

§ 2

Il est juste d'observer que la mort de
saint Germain, à la fin du XIme siècle,
coïncide avec l'établissement de plusieurs
prieurés bénédictins dans notre pays. Ce
n'était qu'un prélude. Avec le XIIme siècle
aussitôt apparaissent tous nos principaux
monastères. Fils et Filles de Saint-Ber-
nard, Fils de Saint-Bruno, Fils de Saint-
Benoît sont appelés dans nos vallées qui
revivent et se transforment sous leur action. C'est l'époque du grand épanouisse-
ment de la vie monastique dans nos Alpes.
En présence de ce fait, ce n'est pas une

12

illusion que d'attribuer à saint Germain le
mérite d'avoir contribué, pour une bonne
part, à cette diffusion de la vie monastique dans nos contrées. Au XIme siècle, le
monastère de Talloires, de fondation royale
et presque le seul existant dans la région,
était très en vue. Pendant trois quarts de
siècle, saint Germain en avait été l'âme et
lui avait fait une grande célébrité. Lui-
même jouissait personnellement, nous l'a-
vons vu, du plus beau renom de sainteté.
Par lui-même et par ses moines, il avait
donc tout naturellement appelé l'attention, la sympathie, la faveur populaire sur
les monastères, en même temps que, par
sa propre vie, il montrait aux moines la
voie qu'ils avaient à suivre pour honorer
Dieu et leur saint état.

L'époque de sa mort touche encore à un
autre évènement très considérable que nous
devons aussi mentionner. C'est la première
Croisade. On sait que cette levée en armes
des chrétiens d'Occident ne fut point l'effet
d'un entraînement soudain, d'un enthou-
siasme irréfléchi : peu à peu, elle s'était
imposée comme une nécessité, comme un

devoir en face des cris de douleur et d'a-
larme qui arrivaient d'Orient. Tous les
pèlerins de Terre-Sainte revenaient le cœur
navré sur le présent et pleins d'effroi pour
l'avenir. Germain avait été un de ces cou-
rageux pèlerins et il y avait cueilli son
ample moisson de souffrances. Par ses récits, il avait donc aussi préparé et disposé
les esprits à cette grande entreprise.

§ 3

I

*Relation fidele de l'écriteau qui est à
Saint-Germain contre la muraille et
à côté du tombeau qui est au milieu
de l'Eglise.*

Omnia ad majorem Dei Gloriam.

†

Dans l'Eglise de Saint-Germain qui est
au dessus de Talloires repose le corps de
saint Germain flamand de nation qui fut
Religieux prestre et profez du Royal monastere de Saint-Martin de Savigny au

Diocese et pays de Lyonnois. Puis envoyé
en celuy de N. D. de Talloires au pays et
Diocese de Genevois dependant du dit
Savigny tous deux de l'Ordre de Saint-
Benoist ; enfin pour plus saintement servir
a Dieu au retour d'un voyage qu'il fit en
Jerusalem se retira en cette montagne ou il
véquit et finit saintement ses jours vers
l'année mille ; et ou ayant demeuré inhumé
dans le sepulchre qui se voit au milieu de
l'Eglise lieu de son Oratoire (non si de-
cemment) ; et N. S. ayant approuvé dès
ce temps sa sainteté par une infinité de
grâces qu'il a depuis continué d'élargir a
tous ceux et celles qui ont eu recours a
sa Divine Majesté par l'intercession de
son saint Confesseur et Anachorète, le dit
corps a esté enlevé du dit sepulchre et posé
dans l'autel par les Seig^{rs} Evesques Mon-
seig^r François de Sales Evesque et Prince
de Genêve, et Monseig^r Jean François son
frère Evesque de Calcedoine et son coadjuteur en l'Evesche pour la succession, lequel
benit et sacra le dit autel et l'a dedié a
Dieu nostre Sauveur, a sa tres sacrée
V. Mere, et a la memoire de saint Ger-

main ce XXVIII. Octob. M.DC.XXI. et a
élargi a perpetuité a tous fidelles les indulgences accoutumées qui le dit jour visiteront la ditte Eglise et y prieront Dieu pour
les necessités universelles par l'entremise
de saint Germain a l'honneur du quel et de
la feste de sa translation mon dit Seigneur
de Genêve a fait une docte et sainte predi-
cation le jour susdit pour inculquer a son
peuple et auditoire la dévotion et recours
qu'il doit avoir en toutes leurs nécessités
aux prières et intercessions de saint Germain duquel ils avoient la Sainte Relique
et duquel l'âme la haut jouissoit de nostre
Redempteur auquel soit honneur et gloire
ès siecles des siecles Ainsy soit il.

✝

Omnia dum refugit, sese dum nescit,
et odit seque, Deumque, tenens omnia solus
habet.

II

Il reste un autre mémorial de cette belle
fête du 28 octobre 1621. C'est un petit carré

de parchemin religieusement conservé dans un Reliquaire appartenant à l'église de Talloires. Ce parchemin, écrit et signé de la main de Jean-François de Sales, coadjuteur de son saint frère, est le procès-verbal de la consécration faite ce jour-là de l'autel principal en l'honneur de saint Germain. Nous avons donné une copie de ce document dans notre travail : *Etude sur saint Germain*, p. 172. Malheureusement un mot à moitié effacé nous avait tout d'abord induit en erreur, et ce mot a été infidèlement reproduit. Nous nous empressons de réparer la faute, en donnant à nouveau ce verbal dans sa véritable teneur.

« Anno Dñj Millesimo sexcentesimo vi-
« gesimo primo, et die vigesima octava
« mensis Octobris. Ego Joannes Franciscus
« de Sales Episcopus Calcedonensis, et
« coadjutor cum futura successione Epcūs
« Gebennensis (1) altare in honorem sancti
« Germani confessoris cujus ossa hic re-
« quiescunt et reliquias SS. martyrum
« Marcelli, Blasii, Georgii, Eustachii et

(1) A cette place manque le mot : *consecravi ;* il a été oublié.

« Sociorum, — et Beati Germani Confes-
« soris in eo inclusi, et singulis Xp̄ī fidelibus
« hodie unum annum et in die anniversario
« consecrationis hūōj ipsum visitantibus
« Quadraginta dies de vera indulgentia in
« forma Ecclesiæ consueta concessi.

« I.-FRANC. EPI. CALˢ. »

On voit qu'une Relique de saint Germain lui-même avait été avec d'autres
scellée dans la pierre sacrée du nouvel
autel, mais le verbal ne dit pas en quoi
consistait cette Relique de saint Germain.

§ 4

PUNITION D'UN ZÉLÉ PATRIOTE, PROFA-
NATEUR DES CHOSES SAINTES ET BRI-
SEUR DE CROIX.

En 1793, un misérable nommé Claude
X..., de Talloires, s'était signalé par son
ardeur à renverser les croix, les oratoires,
etc. Entre autres exploits, ayant jeté bas
la statue de saint Martin qui était dans

l'Oratoire de ce nom, sur le chemin qui monte à la Chapelle de Saint-Germain, ce vaillant, ce brave se donna le plaisir de traîner cette statue avec une corde dans la direction de Talloires. Le châtiment ne se fit pas attendre. Nous en trouvons le récit dans les notes manuscrites d'un honnête et intelligent vigneron de Talloires. Du reste, ce fait est, encore aujourd'hui, raconté dans toutes les familles. Nous citons à peu près textuellement : « Un jour « de dimanche matin, ce malheureux avait « invité trois de ses compagnons pour aller « à la chasse avec lui, leur disant qu'il fal- « lait partir un peu matin, parce que, di- « sait-il, il voulait être de retour pour aller « danser sur le marchepied de l'autel de « Talloires pendant qu'on récitait l'office « des laïcs, puisque les prêtres étaient « partis. Ce misérable a été bien puni de « ses forfaits atroces Etant tous les quatre « par la montée du pavé au-dessus du « bourg de Talloires, avec chacun leur « fusil sous le bras, lui marchait le pre- « mier en avant, deux autres venaient après « lui se tenant de front, et le quatrième

« était après eux avec un mauvais fusil
« qui se détendait facilement de son repos.
« Lorsqu'ils furent par la montée au-des-
« sous de (endroit désigné) le fusil de celui
« qui était le dernier part de son repos,
« brûle sous son bras, le coup passe entre
« les deux qui marchaient de front et va
« frapper, au milieu des reins, ce miséra-
« ble qui tombe de sa blessure. On l'em-
« porte dans son lit où il meurt quinze jours
« après, avec des repentirs exemplaires.
« Il demandait des prêtres pour se confes-
« ser, mais il n'y en avait point, parce
« qu'ils étaient tous partis. »

§ 5

TROIS GUÉRISONS OBTENUES SUR LA FIN
DU XVIIIme SIÈCLE.

« Plusieurs vieillards conservant tous la
« plénitude de leurs facultés intellectuelles
« racontent et donnent comme certain le
« fait suivant :

« C'était une petite fille d'une huitaine
« d'années, qui ne pouvait ni marcher, ni
« parler, ni entendre. On l'amena à Saint-
« Germain, montée sur un âne. A la Consé-
« cration de la Messe, elle poussa un grand
« cri. Sa mère qui la tenait appuyée contre
« elle la lâche de surprise ; la jeune en-
« fant fait deux ou trois pas, se met à ge-
« noux pour adorer Dieu. Un moment
« après, elle dit tout haut à sa mère : — Je
« suis guérie ! Après avoir satisfait aux de-
« voirs les plus pressants de la reconnais-
« sance, cette heureuse famille s'en re-
« tourne, la fille conduisait sa monture,
« marchait, parlait, entendait aussi bien
« que si jamais elle n'eût eu de mal. Les
« vieillards précités n'ont pas vu eux-
« mêmes ce prodige : ils l'ont entendu
« raconter maintes et maintes fois à leurs
« parents témoins oculaires (1). »

« Une fille de Talloires, nommée Mi-
« chelle Fontaine, avait déjà sept ans et
« n'avait pas encore pu ni marcher ni
« parler. Ses parents, chrétiens pleins de

____

(1) *Vie du Saint*, par M. l'abbé Pinget, p. 87.

« foi et de piété, font vœu de venir à Saint-
« Germain et d'y apporter leur enfant. Ils
« y viennent en effet. A peine entrée dans
« la Chapelle (c'était quelque temps avant
« la Révolution) la petite enfant se lève
« d'à côté de sa mère, marche et parle
« distinctement au vu et à l'étonnement de
« toutes les personnes présentes. Ce fut
« elle qui porta au Prieur (1) la messe et
« l'offrande que ses parents avaient vouées.
« Dès lors, elle a marché et parlé aussi bien
« que si jamais elle n'avait eu de mal. Ce
« fait a eu beaucoup de retentissement
« dans Talloires et les environs. Il existe
« encore des vieillards qui se le rappellent,
« comme s'il venait de se passer. »

Ajoutons que la miraculée n'a cessé,
jusqu'à sa mort, de redire avec reconnaissance la grâce qu'elle devait à la protection
de saint Germain. Chose providentielle !
Au nombre des personnes exaucées et
guéries dans la Chapelle du Saint à la fin
du dernier siècle soit à la veille de la Ré-

(1) Le Religieux qui desservait la Chapelle portait le
nom de : Prieur de Saint-Germain.

volution, il se trouva deux jeunes filles de Talloires même, et, pour laisser en leur personne aux générations nouvelles un exemple de l'ancienne dévotion à saint Germain et une preuve des grâces insignes qu'on en obtenait, Dieu a fait vivre très longtemps ces deux miraculées. Elles restaient ainsi comme deux témoins, deux survivants de l'ancien pèlerinage. Toutes deux ont vu la Chapelle du Saint renversée, toutes deux l'ont vue relevée de ses ruines et les pèlerins y affluer de nouveau. La première, Michelle Fontaine dont nous venons de parler, a vécu plus de 40 ans dans ce siècle (1). La seconde, Louise Arambourg (veuve Valet), n'est morte qu'en 1872, à l'âge de 92 ans. Étant curé de Talloires, nous avons beaucoup connu nous-même cette respectable mère de famille. Dans ses dernières années, ses yeux ne voyaient plus, mais elle gardait toujours la claire vue et la fidèle mémoire de la scène qui avait eu lieu dans la Chapelle de Saint-Germain au moment de sa guérison. Son

(1) *Vie du Saint*, p. 88.

bonheur était de la raconter : le Prieur à l'autel, ses parents en larmes, elle-même toute étonnée de se sentir guérie; elle n'avait rien oublié et elle en faisait, dans son patois local, un tableau de maître. Voici le fait :

C'était en 1786, Louise avait six ans. Peu à peu des douleurs, des grosseurs, enfin des plaies s'étaient déclarées sur ses jambes et marcher lui était impossible. Le mal durait depuis longtemps et ni les remèdes, ne les médecins ne lui apportaient aucun secours. Ses parents, se souvenant du Saint du pays, font alors vœu de porter leur enfant à Saint-Germain, de donner une messe et de communier à son autel. La petite malade est enfin portée sur les bras de ses parents jusqu'à la Chapelle. La sainte Messe commence. C'était, avons-nous dit, l'usage que les pèlerins fissent sur leurs genoux le tour du var, soit tombeau primitif, d'où saint François de Sales avait tiré les Reliques du Saint. Le père et la mère de Louise se lèvent, pour commencer aussi cette manière de pénitence ; mais, ô merveille !

Louise se lève aussi et marche après ses parents, elle était guérie. On était après l'Elévation. Il nous semble entendre encore cette vénérable octogénaire s'animant en représentant comment le Prieur se mit à frapper du pied à l'autel en entendant des exclamations, des cris et des pleurs de joie qu'il ne s'expliquait pas. Il en eut bientôt la raison. Après la messe, il voulut offrir un rafraîchissement à ces braves gens. Ils refusèrent pour tenir leur parole. Ils avaient promis de faire le pèlerinage à jeûn. Ils redescendirent donc comblés de joie et réconfortés, à défaut d'aliments corporels, par les plus douces consolations. Leur enfant cheminait avec eux et aussi bien qu'eux.

§ 6

GUÉRISON OBTENUE DANS LA CHAPELLE DE SAINT-GERMAIN, TANDIS QU'ELLE ÉTAIT EN RUINES ET PRIVÉE DES SAINTES RELIQUES.

« Quelque temps après la Révolution
« française, un homme des environs d'U-

« gines était très infirme et ne pouvait se
« mouvoir que péniblement à l'aide de deux
« béquilles. Il voue un pèlerinage à Saint-
« Germain, arrive, partie en voiture et
« partie en bateau, jusqu'à Talloires, ac-
« compagné de trois personnes. Il marche
« si difficilement qu'il lui faut dès le matin
« jusqu'à midi pour monter de Talloires à
« l'ermitage, ce qui n'est guère qu'un trajet
« de vingt minutes pour les personnes bien
« portantes. Il entre dans la Chapelle, y
« prie avec ferveur, et bientôt il se sent
« mieux : il prie encore, dépose son of-
« frande à la place occupée par le cercueil
« ou var qui recouvrait le tombeau du
« Saint, les Reliques se trouvant encore
« cachées. Tout à coup il fait un effort,
« il se lève, il est guéri. Je ne dis rien
« de son émotion et de son bonheur,
« mais ce que je dois ajouter, c'est qu'il
« laissa ses béquilles dans la Chapelle et
« se retira à pieds, s'arrêtant à chaque
« instant pour laisser un libre cours à ses
« larmes et bénir, de concert avec ceux qui
« l'avaient accompagné, le glorieux Saint
« qui l'avait si promptement guéri. Dès

« lors, et sa vie durant, il est revenu cha-
« que année en pèlerinage à Saint-Ger-
« main, y apportant chaque fois une messe
« d'action de grâces. » *(Vie du Saint*, par
M. Pinget, p. 88.)

§ 7

RÉCIT D'UNE GUÉRISON OBTENUE MOINS
DE DEUX ANS APRÈS LA RESTAURA-
TION DES RELIQUES DE SAINT GERMAIN
DANS LA CHAPELLE DE L'ERMITAGE DE-
VENUE ÉGLISE PAROISSIALE.

« Le samedi de la Pentecôte, 8 juin 1840,
« en présence de plus de sept à huit cents
« personnes venues de tous côtés, arriva
« le fait suivant qui eut du retentissement
« jusque très loin. Voici le fait tel qu'il
« m'a été raconté par la personne elle-
« même, par une foule de témoins oculaires
« et surtout par le vénérable curé de Duingt
« qui en écrivit alors toutes les circons-
« tances et qui a bien voulu me les trans-
« mettre.

« Françoise-Charlotte-Henriette, fille de
« Charles Mermaz, de la paroisse de Duingt,
« hameau des Maisons, était, depuis plus
« de huit ans, percluse des deux jam-
« bes, au point qu'elle ne pouvait quitter
« sa chaise, ni faire un pas sans le secours
« de ses béquilles. Pendant tout ce temps,
« elle consulta beaucoup de médecins et
« suivit exactement leurs ordonnances, sans
« aucun résultat. D'après leur avis, elle va
« même deux années consécutives prendre
« les eaux d'Aix-les-Bains ; mais point
« d'amélioration. Enfin, voyant que les
« moyens humains étaient inutiles, toute la
« religieuse famille s'adresse à Dieu par
« l'entremise de saint Germain et la malade
« lui voue un pèlerinage.

« Le lundi de la Pentecôte, l'un des
« jours de tout temps préférés pour les
« pèlerinages à ce grand Saint, étant pro-
« che, elle fait part à sa mère du désir
« qu'elle a de se rendre en dévotion à
« Saint-Germain. Mais celle-ci cherche à
« l'en détourner à cause de l'extrême diffi-
« culté, pour ne pas dire l'impossibilité où
« elle voit sa fille de descendre du village

« des Maisons à Duingt, et de monter de
« Talloires au haut du rocher sur lequel est
« l'église de Saint-Germain. Cependant le
« matin de ce jour qui devait être si heureux
« pour elle, Françoise renouvelle sa de-
« mande, réitère ses instances ; un je ne
« sais quoi lui dit qu'elle pourra faire ce
« voyage ; la mère cède, lui donne ses
« béquilles et part avec elle. Que de peines
« pour descendre à Duingt ! Néanmoins elle
« ne se décourage pas ; la foi l'aide et la
« fortifie. Ayant traversé le lac, elle gravit
« la montagne avec une peine extrême,
« mais aussi avec une confiance toute nou-
« velle, enfin elle arrive. Quelqu'un, en
« voyant la vivacité de sa foi, s'écria : En
« voilà une qui va être guérie. Elle entend
« la messe à laquelle elle communie : après
« l'action de grâces, elle va avec sa mère
« vénérer les reliques du Saint. Déjà elle
« laisse une de ses béquilles sous la châsse
« et peut revenir à sa place... Elle prie
« encore et tout à coup elle va de nouveau,
« sans que sa mère s'en aperçoive, vénérer
« les saintes Reliques ; elle y laisse l'autre
« béquille et revient sans trébucher vers

« sa mère à qui elle dit : Allons-nous-en.
« Alors seulement elle observe qu'elle est
« guérie : de douces larmes s'échappent de
« ses yeux et de ceux de son heureuse mère :
« la plupart des assistants pleuraient aussi
« d'attendrissement et de plaisir... Enfin
« pleins d'une humble reconnaissance, la
« mère et la fille arrivent à Talloires où on
« ne parlait déjà que du prodige qui venait
« d'avoir lieu. Françoise y était descendue
« et remonta chez elle avec la même facilité
« que si elle n'eût jamais été infirme.

« L'un des médecins qui l'avait traitée
« pendant bien longtemps lui dit, le jour
« même de sa guérison, qu'elle reprendrait
« bientôt ses béquilles et que le lendemain
« elle serait comme la veille : mais voilà
« dix-sept ans qu'elle n'a eu besoin ni de
« béquilles ni de bâtons : quoique demeurée
« tant soit peu boiteuse, elle va, court,
« gravit les rochers, suit les troupeaux,
« travaille aux champs, etc., avec la même
« aisance que les plus agiles et les plus
« robustes : elle n'a même eu aucune mala-
« die depuis lors. Inutile d'ajouter qu'elle
« n'a point été ingrate envers Dieu et en-

« vers saint Germain, son puissant bien-
« faiteur : aussi la voyons-nous chaque
« année revenir en pèlerinage à son tom-
« beau. » (*Vie du Saint,* par M. l'abbé
Pinget, page 83.)

AUTRE GUÉRISON

QUI SUIVIT DE PRÈS LA PRÉCÉDENTE

« Il y a environ quatorze ans que l'on
« vit arriver à Saint-Germain une fille
« d'une douzaine d'années, accompagnée
« de son père et de sa mère. Le père
« montait le chemin rocailleux qui y con-
« duit, tête nue et le chapelet à la main.
« La mère s'avançait aussi en priant avec
« ferveur à côté de sa fille placée sur un
« cheval. Depuis bien des années et en
« dépit des soins assidus de plusieurs mé-
« decins, la pauvre enfant se trouvait per-
« cluse de ses deux jambes et ne pouvait
« se remuer que péniblement et à l'aide de
« deux béquilles. Après le vœu que ses
« religieux parents firent de l'amener à
« Saint-Germain, elle s'était trouvée ins-

« tantanément soulagée, et dès lors une
« seule béquille lui avait suffi. Encouragée
« par ce premier succès, la foi de toute la
« famille avait redoublé, et, peu de jours
« après, nos trois personnes s'étaient mises
« en route, animées de la plus héroïque
« confiance. « Comme que ça aille, répé-
« taient alternativement ces dévots parents
« à leur fille, tu poseras ta béquille sous
« les Reliques du Saint ; car il me semble
« qu'il doit te guérir. Oui, ce bon Saint
« te guérira. » Puis ils continuaient à
« marcher et à prier. Quand ils sont arrivés,
« ils font chanter une grand'messe à la-
« quelle ils assistent et où le père et la
« mère communient. Ce jour-là plusieurs
« personnes se trouvaient à l'église : il y
« avait même plusieurs prêtres venus dès
« la veille à Saint-Germain, car c'était un
« jour de conférence. Lorsque la messe fut
« achevée, la jeune fille dit à ses parents :
« — Je suis guérie. Elle se lève en effet,
« marche avec solidité, va poser ses béquil-
« les devant les Reliques, y prie longtemps
« à côté de ses parents pleurant de joie ;
« puis elle sort et s'en retourne à pieds,

« sans béquilles ni bâton. Elle boitait en-
« core un peu ; mais le changement était
« considérable, puisque auparavant elle ne
« pouvait faire le moindre mouvement sans
« le secours de sa mère ou de sa béquille. »
(Le même auteur, p. 86.)

§ 8

Ce fut le 3 janvier 1883 que Monseigneur
Isoard constitua le tribunal ecclésiastique,
chargé de rechercher et de constater les
preuves du culte immémorial rendu à saint
Germain.

Étaient nommés Postulateur de la Cause,
M. le chanoine Mercier ; Juge délégué pour
remplacer Monseigneur l'Evêque dans les
informations, M. le grand-vicaire Bonnaz ;
Promoteur de la Foi, M. le chanoine Cora-
jod ; Greffier ou Secrétaire, M. l'abbé Bu-
naz ; autre Secrétaire chargé des assigna-
tions, M. l'abbé Butin.

Dix-neuf sessions tenues par ce tribunal
se succédèrent rapidement et le 12 mai suivant, l'enquête étant complète, Monsei-

gneur, en sa qualité de Juge-Ordinaire, prononça son jugement favorable et soumit immédiatement la Cause à la Sacrée-Congrégation. Six ans d'attente s'écoulèrent et le 6 avril 1889, cette Congrégation donna enfin son décret reconnaissant la légitimité du culte de saint Germain.

Voici la teneur de ce Décret, approuvé par le Pape Léon XIII, le 9 mai de la même année.

DECRETUM

—

ANNECIEN.

CONFIRMATIONIS CULTUS AB IMMEMORALI TEMPORE PRESTITI

SERVO DEI

GERMANO

Abbati ordinis sancti Benedicti sancto nuncupato.

Ad instantiam Rev. Dni Julii Captier, Procuratoris generalis seminarii sancti Sulpitii supradictæ Causæ, Postulatoris constituti, quum Emus et Rmus Dnus cardinalis Lucidus-Maria Parocchi, ejusdem Causæ Ponens in Ordinariis Sacrorum Rituum

Congregationis Comitiis, subsignata die ad Vaticanum habitis, sequens Dubium proposuerit, nimirum : *An sententia Rmi Episcopi Anneciensis super cultu ab immemorabili tempore præstito præfato Servo Dei Germano, seu super casu excepto a Decretis sa. me. Urbani Papæ VIII sit confirmanda in casu, et ad effectum de quo agitur ?*

Emi et Rmi Patres Sacris tuendis Ritibus præpositi, omnibus mature perpensis, auditoque voce et scripto R. P. D. Augustino Caprara sanctæ Fidei Promotore, rescribendum censuerunt : *Affirmative.* Die 6 aprilis 1889.

Facta deinceps de his Sanctissimo Domino nostro Leoni Papæ XIII, per infrascriptum secretarium fideli relatione, Sanctitas Sua Rescriptum Sacræ Congregationis ratum habere et confirmare dignata est. Die 9 maii anno eodem.

CAROLUS CARD. LAURENZI,

S. C. R. Prof.

L ✝ S

VINC. NUSSI,

S. C. R. Secretarius.

DÉCRET

—

CAUSE DU DIOCÈSE D'ANNECY
SUR LA CONFIRMATION DU CULTE RENDU
DE TEMPS IMMÉMORIAL
AU SERVITEUR DE DIEU

GERMAIN

Abbé de l'Ordre de Saint-Benoît et surnommé Saint.

Sur l'instance de R^d Jules Captier, procureur général du Séminaire de Saint-Sulpice à Rome et Postulateur de la dite Cause, Son Eminence le cardinal Lucide-Marie Parocchi, rapporteur de cette Cause, dans la séance de la Congrégation des Sacrés-Rites, tenue au Vatican, le jour indiqué ci-dessous, a proposé le doute suivant : *La Sentence du R^{me} Evêque d'Annecy, sur le Culte rendu de temps immémorial au serviteur de Dieu Germain, par application du cas réservé par le pape Urbain VIII, doit-elle être approuvée ?*

Les Cardinaux, membres de la dite Congrégation, après avoir mûrement tout examiné et entendu les observations écrites et verbales de R^{il} Augustin Caprara, Promoteur de la Foi, ont donné la réponse suivante : *La Sentence doit être confirmée.* 6 avril 1889.

Notre Saint-Père le Pape Léon XIII, ayant entendu de la bouche du Secrétaire soussigné, la fidèle relation de ce procès, a daigné approuver le Rescrit de la Sainte Congrégation et l'a confirmé, le 9 mai de la même année.

CHARLES CARD. LAURENZI,
*Préfet de la S. Congrégation
des Rites.*

VINCENT NUSSI,
Secrétaire de la S. Congrégation.

Quant à la fête annuelle du Saint, Mgr Isoard eût été heureux de la fixer au 28 Octobre. On eût ainsi consacré un pieux souvenir et continué un ancien usage. Le 28 Octobre rappelait saint François de Sales élevant saint Germain sur l'autel, glorieuse exaltation que l'on fêtait chaque année, ce même jour, dans la même Chapelle. Mais le 28 Octobre, dédié par l'Eglise aux apôtres saint Simon et saint Jude, ne comporte plus une autre fête, un autre office. Monseigneur s'en rapprocha du moins le plus possible, en choisissant le 29. C'était d'ailleurs, nous l'avons vu, le 29 et non le 28 Octobre, et pour la raison que nous venons d'exposer, que les religieux de Talloires faisaient l'office et la fête de saint Germain, dans l'église de leur monastère.

TABLE DES MATIÈRES

APPENDICE